새 연세한국어 듣기와 읽기 2-2

연세대학교 한국어학당 편

연세대학교 출판문화원

머리말

연세대학교 한국어학당은 1959년에 설립된 한국 최초의 외국어로서의 한국어 교육 기관이다. 연세대학교 한국어학당은 그간의 역사와 명성에 걸맞게 다양한 한국어 교재 편찬 및 관련 연구를 해옴으로써 한국어 교육을 선도해 왔다. 지금까지 전 세계에서 온 약 150여 개국의 17만여 명에 이르는 한국어 학습자에게 한국어와 한국 문화를 가르쳐 왔으며, 최근에는 빠른 속도로 변화해 가는 교육 환경에 맞추어 오프라인 한국어 교육뿐만 아니라 온라인 한국어 교육 콘텐츠 개발에도 노력을 기울이고 있다. 이미 세계 각국의 한국어 학습자를 대상으로 글로벌 온라인 대중 공개 강좌(MOOC)를 개설하여 학습자들로부터 큰 호응을 얻었고 연세대학교 온라인 교육 혁신 플랫폼인 런어스(LearnUs)에도 최신 기술을 활용한 한국어 콘텐츠를 올려서 학습자들을 만나는 중이다.

연세대학교 한국어학당은 그간 일반 목적 한국어 학습자들뿐만 아니라 특수 목적 한국어 학습자들을 대상으로 정규과정, 단기과정, 대학 한국어 과정 등 다양한 교육과정을 개설 운영하면서 학습자의 요구에 부응하는 최상의 교재를 개발해 왔다. 이러한 교재들은 국내외의 한국어 교육 기관에서 교사와 학습자들의 다양한 요구를 충족시키며 양질의 한국어 교수·학습을 위해 널리 사용되고 있다.

연세대학교 한국어학당은 그간 가장 큰 호응을 받아 왔던 '연세한국어' 1급~6급의 뒤를 이을 새로운 교재로 '새 연세한국어' 시리즈를 기획 출간하게 되었다. 이 교재의 개발을 위해 한국어 교육 현장 경험이 풍부한 전문 한국어 교육학자 및 교사들이 대거 투입되었고 최상의 한국어 교수법 및 학습자 집단의 요구에 대한 이해를 바탕으로 개발 작업이 장기간에 걸쳐 수행되었다.

이번에 출간된 '새 연세한국어' 시리즈는 총 6단계로 각 단계마다 어휘와 문법 교재, 말하기와 쓰기 교재, 듣기와 읽기 교재로 구성되어 있다. '새 연세한국어 어휘와 문법'은 한국어 학습자들이 각 숙달도별로 가장 필수적으로 익혀야 하는 주요 어휘와 문법에 대한 이해와 활용을 중심으로 구성되었다. '새 연세한국어 말하기와 쓰기'는 원활한 한국어 의사소통을 위해 꼭 필요한 표현 기능을 수행할 수 있도록 말하기, 쓰기 과제를 중심으로 구성되었다. 또한 '새 연세한국어 듣기와 읽기'는 듣기, 읽기 과제를 중심으로 각 급별 숙달도에 적절한 이해 능력을 함양시킬 수 있도록 구성되었다. 이 세 권의 교재는 어휘·문법, 표현, 이해 능력의 고른 발달을 위해 패키지로 함께 사용될 수도 있고, 교육 현장 여건이나 학습자의 요구에 따라 별도로 사용될 수도 있다. 또한 어휘와 문법 교재의 경우 별도의 지침서가 무료로 제공되므로 교육 경험이 다소 부족한 국내외의 한국어 교사들에게 유용한 길잡이가 될 수 있을 것이다.

연세대학교 한국어학당은 앞으로도 전 세계의 한국어 학습자들의 요구와 기대에 부응하는 교재 개발을 위해 최선을 다할 것이다. 아울러 본 교재가 국내외에서 한국어 교육을 위해 노력을 아끼지 않는 많은 교사와 한국어 학습을 위해 노력하는 모든 학습자들에게 크게 도움이 되기를 바란다.

연세대학교 언어연구교육원

한국어학당 교재편찬위원회

일러두기

01 이 책은 <새 연세한국어 어휘와 문법2>, <새 연세한국어 말하기와 쓰기2>와 함께 한국어 초급 학습자들을 위한 교재이다.

02 이 책은 한국어 초급 학습자들이 한국어로 된 글과 말을 읽거나 듣고 이해할 수 있는 능력을 키우기 위해 구성된 이해 능력 개발 교재이다.

03 이 책은 총 20과이며 각 과는 2개 항으로 구성되어 총 40개 항이 있다. 그리고 2개 과마다 복습을 할 수 있도록 복습 10개 항을 구성하였다. 각 항은 각각 50분 수업 분량으로 이 책은 총 50개 항으로 구성되어 있다. 복습 항마다 한국 문화에 대한 소개가 있다.

04 이 책의 각 항은 '제목, 학습 목표, 준비해 봅시다, 들어 봅시다, 읽어 봅시다, 따라해 봅시다. 정리해 봅시다'의 5단계로 구성되었다.

05 각 과의 제목은 <새 연세한국어 어휘와 문법 2>와 동일하나 각 항의 제목은 해당 항의 내용을 대표할 수 있는 개념으로 항의 제목을 설정하였다. 또한 제목 옆에 QR코드를 넣어 녹음된 내용을 쉽게 확인할 수 있도록 하였다.

06 학습 목표는 '-을 이해할 수 있다', 또는 ' ~ 관련 내용을 이해할 수 있다'와 같이 이해 기능이 드러나도록 기술하였다.

07 '준비해 봅시다'는 각 항의 들어가기에 해당되며 해당 단원의 읽기와 듣기 내용의 이해를 돕기 위한 준비 단계이다. 단원 학습 내용과 관련된 필수적인 어휘 학습으로 구성된다. 그러나 단순 어휘 학습이 아니라 이해 교재의 특성이 잘 반영될 수 있도록 문장이나 맥락 안에서 사용된 어휘를 접하도록 하여 학습자들의 이해를 돕고자 하였다.

08 '들어 봅시다'는 구어를 통해 실생활에서 활용 가능한 의사소통 능력을 배양할 수 있도록 하였다. 듣기 지문의 경우 문장 단위에서 시작하여 대화, 그리고 담화로 듣기 단위를 순차적으로 확대하여 제시하였으며 짧은 것에서 긴 것으로, 쉬운 것에서 어려운 것으로 단계를 구분하여 제시하였다.

09 '읽어 봅시다'는 초급 단계의 학습 목표에 따라 일상생활에서의 문어 의사소통 능력을 향상시키는 데 초점을 두어 일상생활과 관련된 내용을 담고 있는 다양한 유형의 글(메모, 일기, 이메일, 광고, 초대장, 블로그나 인터넷 게시판의 글 등)을 읽고 내용을 파악하도록 하였다.

10 '따라해 봅시다'는 발음 연습을 위한 부분으로 교재의 읽기 지문이나 듣기 지문에 제시된 어휘 중에 음운 변화가 포함되거나 학습자의 오류율이 높은 발음을 단원별로 선정하여 동일한 규칙을 포함한 어휘를 제시하였고 이 어휘가 포함된 문장도 함께 제시하였다.

11 '정리해 봅시다'는 학습한 내용을 학습자 스스로 확인 및 점검을 하면서 다른 언어 능력과의 통합 교육을 통해 언어 능력을 강화하고자 설정한 부분이다. 이 부분에서는 듣기와 읽기로 학습한 내용을 말하기 또는 쓰기 활동과 통합할 수 있도록 구성하였다.

12 '복습'에서는 선행 학습된 2개 과의 어휘와 문법, 내용을 활용할 수 있도록 읽기와 듣기의 두 부분으로 구성되었다. 각 항에서 배운 내용을 감안하여 듣기나 읽기 중 한 기능에 초점을 두고 다른 한 기능을 연계시켜 통합적인 학습이 가능하도록 유도하였다.

13 '문화'는 복습 항 마지막 부분에 문화 텍스트가 삽화 자료와 함께 제시된다. 문화 항목 중 이해 교재의 특성에 부합하는 내용을 선정하여 정보 문화 중심으로 구성하였다.

14 '부록'에는 정답과 어휘 색인 목록을 제시하였으며, 별책에 읽기 번역과 듣기 지문 및 번역을 함께 실었다.

단원 구성

과	제목	학습 목표	문법	문화(복습항)
11과 교통	1. 대중교통	대중교통을 이용하는 방법을 설명하는 내용을 이해할 수 있다.	-다가, 으로[3]	도서관 이용
	2. 길 안내	택시에서 길을 설명하거나 운전을 해서 길을 찾는 내용을 이해할 수 있다.	-으려면[1], 으로 해서	
12과 학교생활	1. 수업과 시험	수업과 시험을 설명하는 내용을 이해할 수 있다.	-어야 -으면 되다	
	2. 학교 프로그램	사무실에서 학교생활에 대해 문의하는 내용을 이해할 수 있다.	-는데요, -거나	
13과 공공 기관	1. 은행	은행 이용 관련 내용을 이해할 수 있다.	부터, -는 동안	공과금 자동 납부기
	2. 우체국	우체국 이용 관련 내용을 이해할 수 있다.	-을 건가요?, 이나[2]	
14과 전화	1. 휴대 전화	휴대 전화의 다양한 기능을 설명하는 내용을 이해할 수 있다.	-는다고 하다, -냐고 하다	
	2. 메시지	메시지나 메모의 내용을 이해할 수 있다.	-자고 하다, -으라고 하다	
15과 예약과 주문	1. 식당 예약	다양한 방법으로 식당을 예약하는 내용을 이해할 수 있다.	-어 달라고/(주라고) 하다, 이라서	편의점에서 살 수 있는 약
	2. 배달 주문	음식을 배달 시키고 확인하는 내용을 이해할 수 있다.	만, -었던	

과	제목	학습 목표	문법	문화(복습항)
16과 건강	1. 병원	친구나 의사 선생님에게 아픈 증세를 설명하는 내용을 이해할 수 있다.	-는 데다가, ㅅ동사	편의점에서 살 수 있는 약
	2. 약국	약의 종류와 효과를 설명하는 내용을 이해할 수 있다.	이라도, -지 않으면 안 되다	
17과 취미	1. 취미 소개	다양한 취미를 소개하는 내용을 이해할 수 있다.	만큼, -어도	한국의 흥행 영화
	2. 취미 활동	취미 활동을 설명하는 내용을 이해할 수 있다.	-을 줄 알다(모르다), -던	
18과 계획	1. 방학 계획	방학과 여행 계획을 세우는 내용을 이해할 수 있다.	-던데요, 이든지	
	2. 졸업 후의 계획	졸업 후의 계획이나 미래의 결혼 계획에 대한 내용을 이해할 수 있다.	밖에, -을 줄 알았다	
19과 여행	1. 호텔 예약	숙박 시설을 예약하고 묘사하는 내용을 이해할 수 있다.	이나[3], -은 뒤에	생활 지수
	2. 여행 가고 싶은 곳	여행지에 대한 정보를 나누고 여행할 만할 곳을 추천하는 내용을 이해할 수 있다.	-기로 하다, -자마자	
20과 날씨와 생활	1. 일기 예보	일기 예보와 여러 날씨에 대한 내용을 이해할 수 있다.	-는다고 하니까, -지 말고	
	2. 생활 속의 날씨	날씨와 날씨에 따른 유의 사항을 전하는 내용을 이해할 수 있다.	접속사, -을 테니까	

차례

등장인물 | Main characters

에릭 파커
- 미국
- 한국어학당 학생
- 한국 전자 직원

존 카마우
- 케냐
- 한국어학당 학생
- 교환 학생

사토 유키
- 일본
- 한국어학당 학생
- 기자

리타오
- 중국
- 한국어학당 학생
- 대학 입학 예정자

노라 한슨
- 노르웨이
- 한국어학당 학생
- 대학원 입학 예정자

최주앙
- 브라질
- 한국어학당 학생
- 대학 휴학생

응웬 흐엉
- 베트남
- 한국어학당 학생

레오 마르탱
- 프랑스
- 한국어학당 학생
- 요리사

올리비아 스미스
- 호주
- 한국어학당 학생
- 외교관

이윤아
- 한국
- 대학생

정하늘
- 한국
- 대학생

김우진
- 한국
- 한국 전자 직원

새 연세한국어

듣기와 읽기 2-2

11과 교통

1. 대중교통

MP3 / 26

• 학습 목표: 대중교통을 이용하는 방법을 설명하는 내용을 이해할 수 있다.

Ⅰ. 준비해 봅시다

문장을 읽고 그림에서 알맞은 사람을 찾아 번호를 쓰십시오.

1) 하차하고 있습니다. (　　)
2) 벨을 누르려고 합니다. (　　)
3) 버스 노선도를 보고 있습니다. (　　)
4) 단말기에 교통 카드를 대고 있습니다. (　　)

Ⅱ. 들어 봅시다

1 문장을 듣고 맞는 그림에 ✔하십시오.

1)
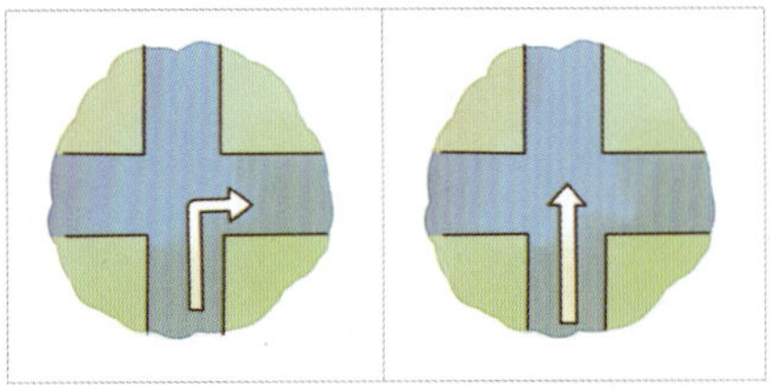

❶ (　　) ❷ (　　)

2)

❶ (　　) ❷ (　　)

3)

❶ (　　) ❷ (　　)

4)

❶ (　　) ❷ (　　)

하차 벨 누르다 노선도 단말기 교통 카드 대다

2 대화를 듣고 맞는 그림에 ✔하십시오.

1)

❶ (　　)　❷ (　　)

2)

❶ (　　)　❷ (　　)

3)

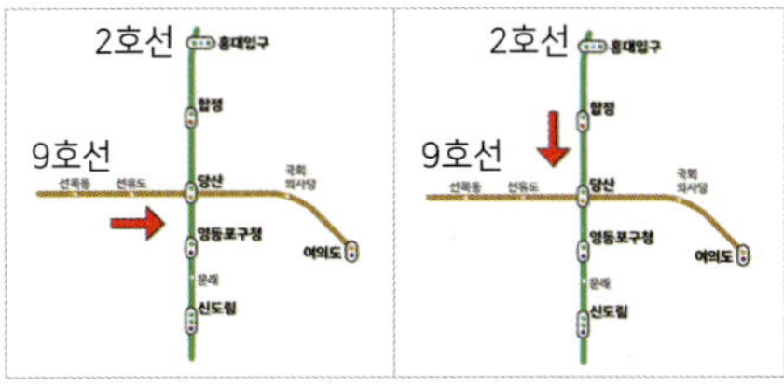

❶ (　　)　❷ (　　)

4)

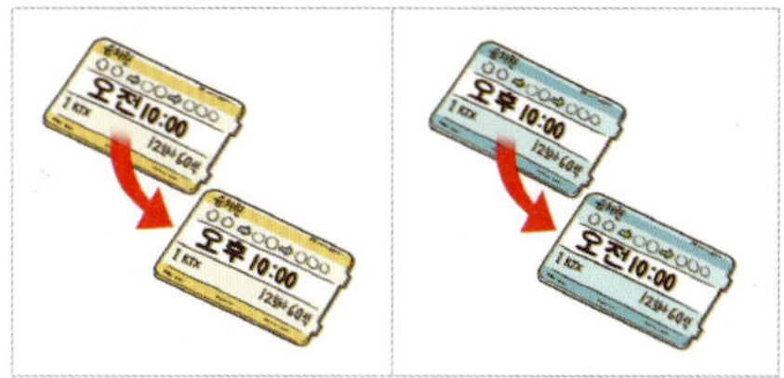

❶ (　　)　❷ (　　)

[3-4] 안내 방송을 듣고 질문에 답하십시오.

3 이 방송은 어디에서 들을 수 있습니까? (　　)

❶ 버스 안　❷ 버스 정류장　❷ 지하철역 승강장　❹ 지하철 열차 안

4 맞으면 O, 틀리면 X 하십시오.

1) 이번 역에서 5호선으로 갈아탈 수 있다. (　　)

2) 이번 역은 열차와 승강장 사이가 넓어서 조심해야 한다. (　　)

[5-7] 대화를 듣고 질문에 답하십시오.

5 학교에서 압구정까지 가는 방법을 쓰십시오. (　　)

1) 학교에서 ________에 가서 지하철 ________으로 갈아탄다.

2) 병원 앞 버스 정류장에서 ________번 버스를 탄다.

특실　당산역　을지로 3가역　전동차　승강장　열차　압구정역　팬 사인회

6 맞으면 O, 틀리면 X 하십시오.

1) 존과 윤아는 내일 압구정까지 같이 갈 것이다. (   )

2) 존은 내일 좋아하는 배우를 보려고 압구정에 간다. (   )

7 존은 왜 버스를 타지 않고 지하철을 탑니까?

III. 읽어 봅시다

다음 주에 있을 한국 문화 수업 장소 안내입니다. 오전에는 서울 역사 박물관에서 수업을 하고 오후에는 경복궁에 가겠습니다. 박물관은 학교에서 가깝기 때문에 찾아가기 어렵지 않을 겁니다. 가는 방법을 잘 읽고 다음 주 금요일 오전 10시까지 늦지 않게 도착하십시오. 교통 카드를 준비하는 것도 잊지 마시고요!

서울 역사 박물관

신촌역 출발 신촌역에서 지하철 2호선을 타고 가다가 충정로역에서 5호선으로 갈아탑니다. 광화문역 7번 출구로 나와서 500m 정도 걸어갑니다.

학교 출발 학교 앞 버스 정류장에서 470번, 710번 버스를 타고 서울 역사 박물관 앞 정류장에서 하차합니다.

- 박물관에서 경복궁까지 걸어서 15분쯤 걸립니다. 경복궁 쪽으로 걸어가다가 왼쪽에 있는 한국 식당에 들어가서 점심 식사를 하십시오. 메뉴는 불고기나 비빔밥으로 할 수 있습니다. 2시에 경복궁 매표소 앞에서 만납시다.
- 오전 박물관 수업을 신청하지 않은 학생들은 학교에서 경복궁으로 직접 오십시오. 학교 앞 버스 정류장에서 272번, 601번, 606번 버스를 타고 경복궁에서 하차합니다.

안내 박물관 서울 역사 박물관 경복궁 충정로역 매표소 신청하다

1 무엇을 안내하는 글입니까?

2 이 글을 읽고 알 수 없는 것은 무엇입니까? (   )

❶ 박물관에서 만나는 시간
❷ 경복궁에서 만나는 장소
❸ 박물관에서 학교에 가는 방법
❹ 신촌역에서 박물관에 가는 방법

3 맞는 것을 고르십시오. (   )

❶ 학생들은 모두 오전에 박물관에 있을 것이다.
❷ 학교에서 경복궁까지 470번 버스를 타야 한다.
❸ 박물관에서 경복궁까지 버스로 15분쯤 걸린다.
❹ 신촌역에서 박물관까지 가려면 지하철을 갈아타야 한다.

Ⅳ. 따라해 봅시다

<콧소리 2> 콧소리 2 /ㄴ/, /ㅁ/ 앞의 /ㄱ/ → [ㅇ]

박물관 [방물관] 한국말 [한궁말] 작년 [장년]

- **박물관**에서 문화 수업을 하겠습니다.
- **한국말** 수업을 들으러 가요.
- **작년**에 한국에 왔을 때 기차로 여행했습니다.

Ⅴ. 정리해 봅시다

1. 여러분 집에서 인천 공항까지 어떻게 갑니까? 설명해 보십시오.
2. 여러분 고향과 한국의 대중교통은 어떻게 다릅니까? 이야기해 보십시오.

11과 교통

2. 길 안내

MP3 / 27

• 학습 목표: 택시에서 길을 설명하거나 운전을 해서 길을 찾는 내용을 이해할 수 있다.

Ⅰ. 준비해 봅시다

문장과 관계있는 단어를 연결하십시오.

1) 똑바로 가면 학교가 있어요.	•	•	❶ 우회전
2) 조금 가다가 오른쪽으로 가세요.	•	•	❷ 유턴
3) 반대쪽 차선으로 가려고 차를 돌렸어요.	•	•	❸ 주차
4) 차를 세우고 건물 안으로 들어갔어요.	•	•	❹ 직진

Ⅱ. 들어 봅시다

1 문장을 듣고 맞는 그림에 ✔하십시오.

1)
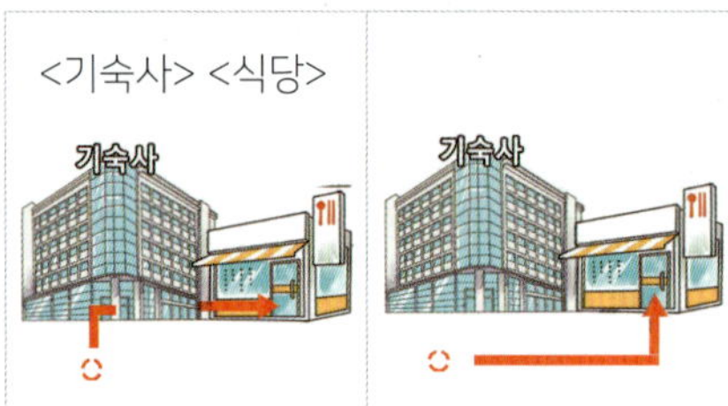

❶ (　　)　❷ (　　)

2)

❶ (　　)　❷ (　　)

3)
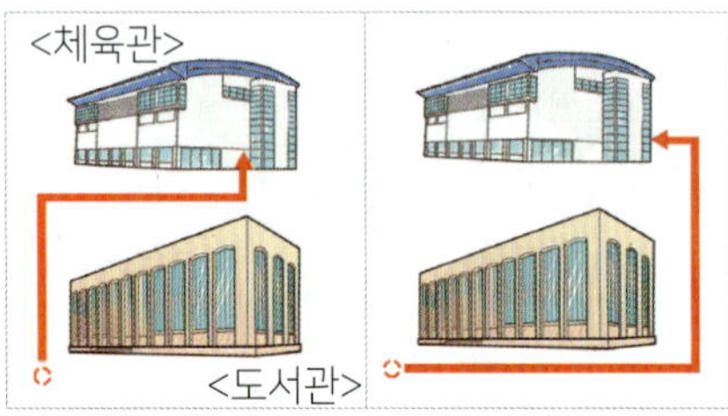

❶ (　　)　❷ (　　)

4)

❶ (　　)　❷ (　　)

우회전　유턴　주차　직진　반대　돌리다　세우다　체육관

2 대화를 듣고 맞는 그림에 ✔하십시오.

1)

❶ (　　) ❷ (　　)

2)

❶ (　　) ❷ (　　)

3)

❶ (　　) ❷ (　　)

4)

❶ (　　) ❷ (　　)

[3-4] 대화를 듣고 질문에 답하십시오.

3 여자가 내릴 곳은 어디입니까? (　　)

4 맞으면 O, 틀리면 X 하십시오.

1) 지금은 출근 시간이기 때문에 차가 밀린다. (　　)
2) 이곳은 낮에는 길이 복잡하지 않다. (　　)

[5-7] 대화를 듣고 질문에 답하십시오.

5 내비게이션이 안내한 길은 무엇입니까? 보기 에서 골라 쓰십시오.

(　　　　　　　　) → (　　　　　　　　)

보기

직진　우회전　좌회전　유턴

밀리다　퇴근　제시간　그냥　좌회전　내비게이션

6 내비게이션을 이용하면 무엇이 좋습니까?

7 맞지 않는 것을 고르십시오. (   )

① 우진 씨가 운전하고 있다.
② 서울역으로 해서 갈 것이다.
③ 두 사람은 회사에 도착해서 커피를 마실 것이다.
④ 두 사람은 생각보다 일찍 회사에 도착할 것 같다.

III. 읽어 봅시다

YONSEI EMAIL

보낸 사람 yihana@hankuk.ac.kr
받는 사람 정하늘<hnjeong@yonsei.com>
제 목 호수 음악회에 초대합니다!

지난번에 신청하신 호수 음악회 초대장을 보내 드립니다. 아름다운 가을밤 시원한 바람이 부는 호수에서 듣는 음악! 정말 기억에 남는 밤이 될 겁니다. 공원 입구에서 이 초대장과 신분증을 보여 주시면 표를 드리겠습니다. 좋은 자리에 앉으시려면 서두르세요!

시간 9월 20일 토요일 오후 6시
장소 인주 시 호수 공원
오시는 길
1) 고속버스
인주 고속버스 터미널 하차 → 건너편 버스 정류장에서 35번, 73번 버스 승차 → 호수 공원 정류장 하차 (20분)
터미널에서 택시를 타면 5분 정도 걸립니다.
2) 운전
고속 도로 인주 톨게이트 → 북인주길 2km → 인주사거리 지나서 직진 후 유턴 → 오른쪽에 입구가 있습니다.
주차는 3시간 무료입니다.

기억에 남다 건너편 톨게이트 주차료

1 호수 공원까지 운전해서 갈 때 맞는 지도를 찾으십시오. (   )

① ② ③ ④

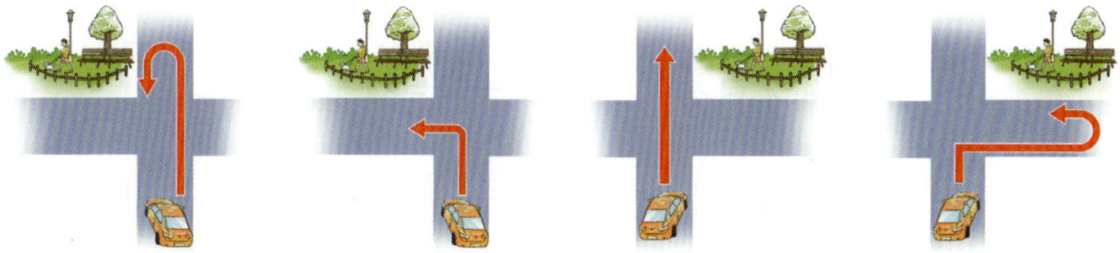

2 맞지 않는 것을 고르십시오. (   )

① 음악회를 저녁에 시작한다.
② 운전을 하면 북인주길로 해서 간다.
③ 터미널에서 길을 건너서 버스를 탄다.
④ 하루 종일 주차료를 내지 않아도 된다.

3 표를 받으려면 무엇이 필요합니까?

______________________, ______________________

Ⅳ. 따라해 봅시다

<콧소리 3> /ㄴ/, /ㅁ/ 앞의 /ㄷ/ → [ㄴ]

있나요 [인나요] 끝나고 [끈나고] 받는 [반는]

- 어디에서 택시를 탈 수 **있나요**?
- 수업이 **끝나고** 걸어서 집으로 가요.
- **옛날**에는 버스에서 요금을 **받는** 사람이 있었어요.

Ⅴ. 정리해 봅시다

1. 여러분의 집에서 학교까지 빨리 가려면 어디로 해서 가야 합니까?
2. 한국에서 택시를 탄 적이 있습니까? 기사와 무슨 이야기를 했습니까?

12과

학교생활

1. 수업과 시험

MP3 / 28

• 학습 목표: 수업과 시험을 설명하는 내용을 이해할 수 있다.

Ⅰ. 준비해 봅시다

(　　) 안의 알맞은 단어를 고르십시오.

우리 학교는 9시에 수업을 시작하고 오후 3시에 수업을 (끝난다, 마친다). 다음 주에 시험을 (보기, 하기) 때문에 학생들이 모두 열심히 배운 단어와 문법을 (기억한다, 연습한다). 공부하다가 모르는 것이 있을 때는 선생님께 (대답한다, 질문한다).

Ⅱ. 들어 봅시다

1 대화를 듣고 알맞은 그림을 연결하십시오.

1) •　　　　• ①

2) •　　　　• ②

3) •　　　　• ③

4) •　　　　• ④

끝나다　마치다　기억하다　연습하다　질문하다　대답하다　버튼

2 대화를 듣고 맞는 그림에 ✔하십시오.

1)

❶ (　　) ❷ (　　)

2)

❶ (　　) ❷ (　　)

3)

❶ (　　) ❷ (　　)

4)

❶ (　　) ❷ (　　)

[3-4] 대화를 듣고 질문에 답하십시오.

3 이 사람은 왜 학교에 늦었습니까?

4 맞으면 O, 틀리면 X 하십시오.

1) 이 사람은 오늘 처음 지각했다. (　　)

2) 학교에는 9시까지 와야 한다. (　　)

[5-7] 대화를 듣고 질문에 답하십시오.

5 두 사람은 무엇에 대해 이야기합니까? (　　)

❶ 선생님 말씀　❷ 시험을 보는 방법　❸ 시험공부 방법　❹ 단어 외우기

6 맞는 것을 고르십시오. (　　)

❶ 유키 씨는 지난주에 학교에 안 왔다.

❷ 마리아 씨는 시험공부를 천천히 하겠다.

❸ 마리아 씨와 유키 씨는 같이 공부하겠다.

❹ 유키 씨가 마리아 씨에게 시험 날짜를 물어봤다.

시험장　학생증　점　문장　지각하다　천천히

7 무슨 시험을 봅니까?

날짜	시험
목요일	
금요일	

III. 읽어 봅시다

저는 이번에 한국 대학교에 입학한 학생입니다. 한국에 온 지 얼마 안 돼서 아직 한국 생활에 익숙하지 않습니다. 한국 친구도 별로 없고 모르는 것도 많아서 대학교 생활이 조금 어렵습니다.

이번 학기에는 모두 4개의 수업을 듣는데 그중에서 제일 어려운 수업은 글쓰기 수업입니다. 저는 아직 한국말을 잘 못해서 이 수업을 들어야 다음 학기에 전공 수업을 신청할 수 있습니다. 이 수업은 시험을 한 번만 보면 되지만 일주일마다 숙제를 해서 내야 하기 때문에 조금 힘듭니다.

제일 재미있는 수업은 한국 문화 수업입니다. 저는 한국 문화에 관심이 많아서 이 수업을 듣는 것이 정말 좋습니다. 이 수업에서는 한국 영화나 드라마를 보면서 한국 문화를 배울 수 있어서 정말 좋습니다. 수업이 지루하지 않고 재미있어서 매주 수업 시간이 기대가 됩니다.

같이 이 수업을 듣는 친구가 한국 요리 동아리를 소개해 줬습니다. 요리 동아리에 들어가면 한국 친구도 사귈 수 있고 한국 음식도 만들어 볼 수 있어서 이 동아리에 들어갈까 합니다.

앞으로 수업도 열심히 듣고 한국 친구도 많이 사귀면서 재미있게 지냈으면 좋겠습니다.

1 이 사람이 듣는 수업과 관계있는 것을 연결하십시오.

1) 글쓰기 •

2) 한국 문화 •

• ❶ 매주 숙제를 해서 내야 한다.
• ❷ 이 사람에게 제일 어려운 수업이다.
• ❸ 이 사람이 제일 좋아하는 수업이다.
• ❹ 한국 영화나 드라마를 보면서 배운다.

2 맞지 않는 것을 고르십시오. (　　)

❶ 이 사람은 얼마 전에 한국에 왔다.
❷ 글쓰기 수업은 시험을 두 번 봐야 한다.
❸ 이 사람은 이번 학기에 4개의 수업을 듣는다.
❹ 한국 문화 수업을 같이 듣는 친구가 동아리를 소개해 줬다.

3 이 사람은 앞으로 한국에서 어떻게 지내고 싶어 합니까?

Ⅳ. 따라해 봅시다

<콧소리 4> /ㄴ/, /ㅁ/ 앞의 /ㅂ/ -> [ㅁ]

밥맛[밤맏] 없는[엄는] 입니다[임니다]

- 요즘 시험 때문에 **밥맛**이 별로 없습니다.
- 학생증이 **없는** 사람은 도서관에 들어갈 수 없습니다.
- 한국 대학교에 입학한 학생**입니다**.

Ⅴ. 정리해 봅시다

1. 한국어 수업을 들을 때 어려운 점이 있습니까? 무엇입니까?
2. 여러분은 어떻게 시험공부를 합니까? 친구와 이야기해 보십시오.

중간시험 마다

12과

학교생활

2. 학교 프로그램

MP3 / 29

• 학습 목표: 사무실에서 학교 생활에 대해 문의하는 내용을 이해할 수 있다.

Ⅰ. 준비해 봅시다

이야기를 읽고 순서대로 번호를 쓰십시오.

한국어학당에 등록할 때는 먼저 신청 기간을 알아본 후에 신청서를 씁니다. 신청서는 사무실에 내면 됩니다. 신청 결과를 확인하고 등록금을 냅니다.

❶

❷

❸

❹

(   ) → (   ) → (   ) → (   )

Ⅱ. 들어 봅시다

1 대화를 듣고 알맞은 그림을 연결하십시오.

1) •　　2) •　　3) •　　4) •

•　　•　　•　　•

❶

❷

❸

❹

등록하다　신청서　신청 기간　신청 결과　확인하다　등록금　홈페이지

2 이야기를 듣고 사무실에서 할 수 있는 것을 모두 고르십시오. (　　,　　)

①

②

③

④

⑤

[3-4] 대화를 듣고 질문에 답하십시오.

3 무엇을 알아보려고 전화했습니까? (　　)

① 등록금 안내　② 등록 날짜　③ 외국어 설명　④ 사무실 주소

4 맞으면 O, 틀리면 X 하십시오.

1) 전화를 한 사람의 친구는 외국 사람이다. (　　)

2) 사무실에는 외국어를 할 수 있는 직원이 있다. (　　)

[5-7] 대화를 듣고 질문에 답하십시오.

5 두 사람은 무엇에 대해서 이야기합니까? 모두 고르십시오. (　　,　　)

① 아르바이트 찾기　② 휴학 신청　③ 어학당 등록　④ 수업 시간 바꾸기

6 맞는 것을 고르십시오. (　　)

① 이 사람은 지금 저녁 수업을 듣고 있다.

② 저녁 수업은 오전 수업과 시작 날짜가 다르다.

③ 휴학을 하고 싶으면 사무실에 전화를 해야 한다.

④ 학생은 다음 학기에 한국어학당에 다니고 싶지 않다.

7 저녁 수업은 무슨 요일에 몇 시부터 몇 시까지 합니까?

수업 요일	수업 시간

등록 취소　휴학하다　언어 교환　외국어　정확하다

Q **한국어를 공부하면서**
재미있게 할 수 있는 일들이 있을까요?

A 한국어학당에서는 학생들이 할 수 있는 여러 프로그램들이 있는데요.
어떤 프로그램이 있는지 같이 알아볼까요?

한국 친구를
사귈 수 있는
특별한 시간

언어 교환

한국말을 연습하고 싶거나 한국 친구를 사귀고 싶은 사람들은 언어 교환 프로그램을 신청하세요. 언어 교환은 한국 대학교 학생과 한국어학당 학생의 외국어 연습을 도와주는 프로그램이에요. 언어 교환을 신청한 모든 학생은 오리엔테이션에 꼭 와야 해요.

몸에 좋고
맛도 좋은
한국 음식 만들기

한국 요리

한국 요리는 한국어학당 학생들에게 쉽고 편한 한국 요리 방법을 가르쳐 주는 프로그램인데요. 매년 봄 학기, 가을 학기, 겨울 학기에 신청할 수 있어요. 요리하는 것을 좋아하거나 한국 음식에 관심이 있는 학생은 이 프로그램을 신청하세요.

한국 영화로
배우는
한국어

한국 영화

한국어학당에서는 학기마다 한국 영화 8편을 무료로 볼 수 있는데요. 영화는 수요일 오후 2시에 대강당에서 해요. 한국 영화에 관심 있는 분들은 영화를 보러 대강당으로 오세요.

1 다음 사람들에게 어떤 프로그램을 추천하면 좋을까요?

1) 주앙 씨는 요리하는 것을 아주 좋아한다. (　　　　)

2) 흐엉 씨는 한국 친구와 한국말을 연습해 보고 싶어 한다. (　　　　)

3) 노라 씨는 한국 문화에 관심이 많다. (　　　　)

오리엔테이션　모든　편　관심이 있다

2 맞지 <u>않는</u> 것을 고르십시오. ( )

❶ 한국 요리 프로그램은 여름 학기에도 있다.
❷ 한국어학당에서는 무료로 영화를 볼 수 있다.
❸ 한국어학당에는 학생들이 할 수 있는 여러 프로그램이 있다.
❹ 언어 교환을 신청한 모든 학생들은 오리엔테이션에 와야 한다.

3 한국어학당 학생이 학교에서 영화를 보려면 언제 어디로 가야합니까?

언제	
어디	

Ⅳ. 따라해 봅시다

<콧소리 5> /ㅁ/, /ㅇ/ 뒤의 /ㄹ/ → [ㄴ]

등록금[등녹끔] 음료수[음뇨수] 종로[종노]

- **등록금**을 언제까지 내야 합니까?
- 수업이 끝나고 **음료수**를 마시러 갈까요?
- **종로**에 한국 요리를 배울 수 있는 곳이 있나요?

Ⅴ. 정리해 봅시다

1. 여러분은 학교 사무실에 가서 무엇을 합니까? 이야기 해 보십시오.
2. 한국어를 더 잘하고 싶어서 학교에서 하는 프로그램을 신청해 본 적이 있습니까?

복습

MP3 / 30

1 대화를 듣고 질문에 답하십시오.

1) **제니 씨는 주앙 씨에게 왜 전화했습니까?**

2) **맞는 것을 고르십시오. (　　)**

① 주앙 씨는 쓰기 시험을 잘 못 봐서 걱정하고 있다.
② 제니 씨는 보통 때 한국말로 많이 이야기하지 않는다.
③ 제니 씨의 학교에서 주앙 씨의 학교까지 가는 버스가 있다.
④ 주앙 씨의 학교까지 가려면 을지로 2가에서 3호선으로 갈아탄다.

3) **두 사람이 말한 공부 방법을 쓰십시오.**

① 글씨를 틀리지 않게 쓰려면 ____________________
② 말하기 시험을 잘 보려면 ____________________

2 다음 글을 읽고 질문에 답하십시오.

학교 소개　　수업 일정　　등록 안내　　온라인 접수

한국어학당 소개

- 인사말 >
- 역사 >
- 선생님 / 직원 >
- **오시는 길 >**

한국어학당 소개 ▶ 오시는 길

오시는 길

지하철	2호선 신촌역 3번 출구로 나와서 7024번 버스로 갈아타고 연대 동문 회관에서 하차합니다.
버스	272　606　708　6714　7017　7024　7737 연대 동문 회관에서 하차합니다.
자동차	연대 앞 사거리에서 금화 터널 쪽으로 가다가 봉원 고가 차도 밑에서 좌회전을 해서 연세 대학교 동문으로 들어가세요. 한국어학당 건물로 가려면 350m 정도 직진한 후 좌회전을 해서 50m 정도 내려가세요. 왼쪽에 한국어학당이 있습니다.

1) **이 홈페이지를 보고 알 수 없는 것은 무엇입니까? (　　)**

① 학교의 역사　　② 등록하는 방법

③ 수업을 시작하는 날　　④ 기숙사에 찾아가는 방법

2) **학교에 가는 방법입니다. 맞으면 O, 틀리면 X 하십시오.**

① 지하철에서 내린 후에 버스로 갈아탄다. (　　)

② 버스를 타고 가다가 연대 앞 사거리 정류장에서 내린다. (　　)

③ 연세 대학교 동문으로 들어가서 바로 좌회전을 한다. (　　)

문화

도서관 이용

국립 중앙 도서관 한국에서 가장 큰 도서관으로 자료가 매우 많습니다. 특히 디지털 도서관은 시설이 아주 좋습니다.

남산 도서관 1922년에 문을 연 한국에서 가장 오래된 도서관입니다. 경치가 아름다운 남산에 있으며 전시회, 강연회, 문화 교실 등을 엽니다.

서울 도서관 옛 서울시청 건물에 만들어진 도서관으로 서울 시내 도서관의 모든 자료를 검색할 수 있는 서비스가 있습니다.

1. **가장 오래된 도서관과 가장 큰 도서관은 각각 무엇입니까?**
2. **여러분이 소개하고 싶은 도서관이 있습니까?**

웬일　글씨　틀리다　떨리다　일정　연대 동문 회관　금화 터널　봉원 고가 차도

13과 공공 기관

1. 은행

MP3 / 31

• 학습 목표: 은행 이용 관련 내용을 이해할 수 있다.

Ⅰ. 준비해 봅시다

현금 자동 인출기로 돈을 찾으려고 합니다. 순서에 맞게 번호를 쓰십시오.

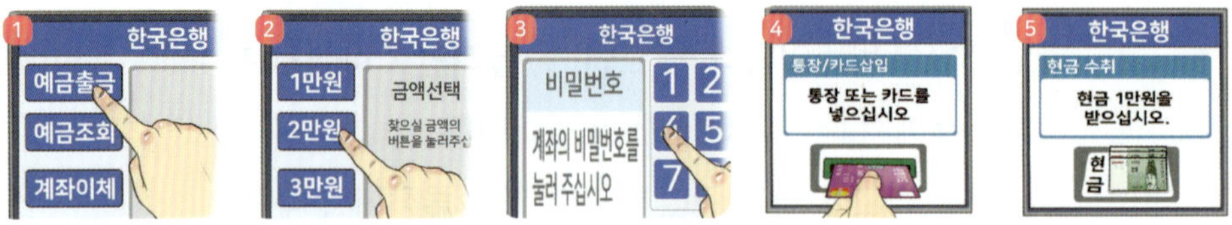

(❶) → ( ) → ( ) → (❷) → ( )

Ⅱ. 들어 봅시다

1 문장을 듣고 먼저 해야 하는 것에 ✔하십시오.

1)

❶ ( ) ❷ ( )

2)

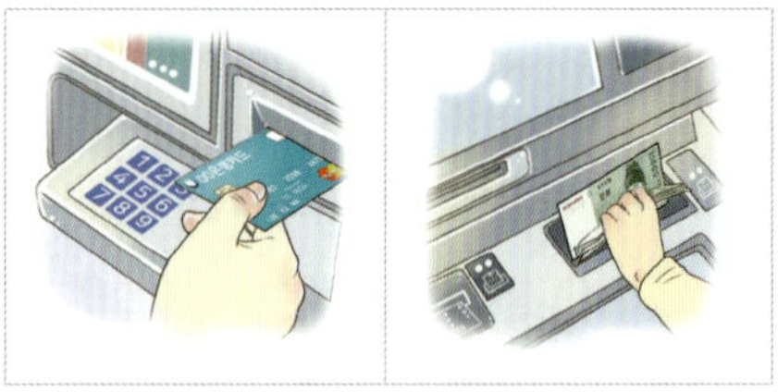

❶ ( ) ❷ ( )

3)

❶ ( ) ❷ ( )

4)

❶ ( ) ❷ ( )

현금 자동 인출기 통장 계좌 비밀번호 현금 번호표 뽑다 서명

2 문장을 듣고 같은 시간에 하는 행동을 연결하십시오.

1)

2)

3)

4)

❶

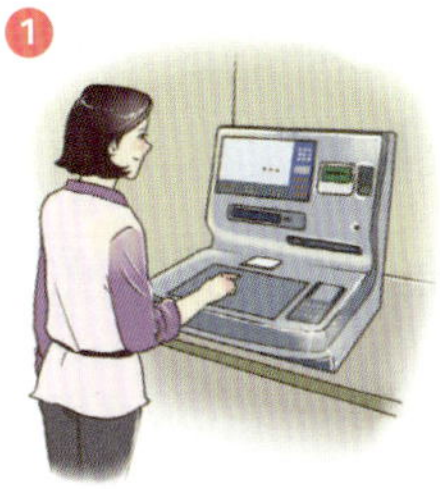

❷

❸

❹

[3-4] 대화를 듣고 질문에 답하십시오.

3 이 사람은 제일 먼저 무엇을 해야 합니까? (   )

❶ 인터넷을 해야 한다. ❷ 돈을 찾아야 한다.

❸ 번호표를 뽑아야 한다. ❹ 계좌를 만들어야 한다.

4 맞으면 O, 틀리면 X 하십시오.

1) 이 사람은 그동안 인터넷으로 은행 일을 하지 않았다. (   )

2) 기다리는 동안 현금 자동 인출기에서 돈을 찾을 수 있다. (   )

[5-7] 대화를 듣고 질문에 답하십시오.

5 이 사람은 왜 은행에 왔습니까?

인터넷 뱅킹 환전 환율 원화

6 맞는 것을 고르십시오. (　　)

❶ 이 사람은 오백만 원을 환전하려고 한다.
❷ 이 사람은 원화를 달러로 바꾸고 싶어 한다.
❸ 환전을 할 때 모든 사람이 여권이 필요하다.
❹ 바꾼 돈을 받기 전에 먼저 서명을 해야 한다.

7 오늘은 일 달러가 한국 돈으로 얼마입니까?

__________ 원

Ⅲ. 읽어 봅시다

요즘 '인터넷 전문 은행'을 이용하는 사람이 많아지고 있습니다. 그래서 오늘은 인터넷 전문 은행을 소개해 드리겠습니다.

인터넷 전문 은행을 사용하려면 먼저 앱부터 다운로드 받아야 합니다. 앱을 다운로드한 후 계좌를 만들면 됩니다. 계좌를 만들 때 비밀번호도 만들어야 합니다. 이 비밀번호는 인터넷으로 은행 일을 하는 동안 계속 필요합니다.

계좌에 돈을 넣으면 그때부터 보통 은행하고 똑같이 사용할 수 있습니다. 다른 사람에게 돈을 보낼 수도 있고 은행에서 돈을 빌릴 수도 있습니다. 체크 카드도 만들 수 있습니다. 보통 은행에서는 서비스를 받을 때 돈을 내야 할 때가 많지만 인터넷 전문 은행에서는 대부분 무료입니다.

인터넷 전문 은행에서는 보통 은행에서는 할 수 없는 일도 쉽고 편하게 할 수 있습니다. 친구하고 메시지를 주고받는 동안 돈을 보내거나 받을 수도 있습니다. 메시지를 주고받다가 친구의 이름을 클릭하면 돈을 보낼 수 있습니다. 이때 친구의 은행 계좌 번호를 몰라도 됩니다. 핸드폰으로 연락할 수 있는 친구면 돈을 보낼 수 있습니다.

인터넷 전문 은행　앱　다운로드 받다

1 이 글은 무엇을 소개하고 있습니까?

2 맞는 것을 찾아 연결하십시오.

1) 인터넷 전문 은행 •

2) 보통 은행 •

• ❶ 은행에서 돈을 빌릴 수 있다.
• ❷ 앱을 다운로드한 후에 계좌를 만들 수 있다.
• ❸ 돈을 보낼 때 계좌 번호를 알아야 한다.
• ❹ 서비스를 받을 때 돈을 내야 할 때가 많다.
• ❺ 메시지를 주고받으면서 돈을 보낼 수 있다.

3 맞으면 O, 틀리면 X 하십시오.

1) 인터넷 전문 은행으로 돈을 보내려면 비밀번호가 필요하다. (　　)

2) 인터넷 전문 은행에서는 체크 카드를 만들 수 없다. (　　)

Ⅳ. 따라해 봅시다

<흐름소리 1> /ㄹ/ 앞에서 [ㄴ] → [ㄹ]

연락[열락] 편리[펼리] 관리비[괄리비]

- 핸드폰으로 **연락할** 수 있습니까?
- 인터넷으로 **편리하게** 돈을 보낼 수 있습니다.
- 은행에 **관리비**를 내러 가요.

Ⅴ. 정리해 봅시다

1. 한국에서 은행에 가 봤습니까? 어떤 일을 했습니까?
2. 여러분 나라의 은행과 한국의 은행은 무엇이 다릅니까?

공공 기관

2. 우체국

MP3 / 32

• 학습 목표: 우체국 이용 관련 내용을 이해할 수 있다.

Ⅰ. 준비해 봅시다

신청서를 보고 질문에 답하십시오.

우체국 택배 신청서

보내는 분			보내는 물건
	성명	김민수	책 (한국어 교과서 5권)
	전화	010-2210-2300	
	주소	서울시 서초구 강남대로 465 교보타워 우편번호 : 06611	

등기 신청 ☑	받는 분	성명	레오 마르땅
		전화	010-2123-3464
-안내- 등기를 신청하시면 받는 분에게 직접 드립니다.		주소	서울시 서대문구 연세로 50 한국어학당 우편번호: 03722

1) 어떤 서비스를 신청하는 신청서입니까?
2) 누가 보내고 누가 받습니까?
3) 받는 사람의 우편번호는 몇 번입니까?
4) 등기를 신청하면 어떤 점이 좋습니까?

Ⅱ. 들어 봅시다

1 대화를 듣고 이용하는 우체국의 서비스를 연결하십시오.

1) • 2) • 3) • 4) •

• ❶ 우편 • ❷ 소포 • ❸ 꽃 배달 • ❹ 국제 특급

우편번호 등기 서비스 항공편 배편 엽서 부치다[2] 우편 소포
국제 특급(EMS)

2 대화를 듣고 맞는 것에 ✔하십시오.

1) 걸리는 시간이
☐ 짧다 ☐ 길다

2) 물건의 무게가
☐ 가볍다 ☐ 무겁다

3) 물건의 크기가
☐ 작다 ☐ 크다

4) 할인율이
☐ 낮다 ☐ 높다

[3-4] 대화를 듣고 질문에 답하십시오.

3 노라 씨는 무엇을 어디로 보내고 싶어 합니까?

무엇	어디

4 맞으면 O, 틀리면 X 하십시오.

1) 국제 특급으로 물건을 보내면 2일 안에 배달해 준다. ( )

2) 이 물건을 국제 특급으로 보내려면 43,000원을 내야 한다. ( )

[5-7] 대화를 듣고 질문에 답하십시오.

5 이 사람이 이용하려는 우체국 서비스는 무엇입니까?

6 이 사람은 왜 우체국에 물건을 가지고 오지 못했습니까? ( )

❶ 물건의 크기 때문에
❷ 물건의 무게 때문에
❸ 방문 서비스를 몰라서
❹ 방문 서비스 값이 싸서

길이 상자 이상 무게 가격 크기 할인율

7 맞으면 O, 틀리면 X 하십시오.

1) 방문 서비스를 신청하면 직원이 물건을 가지러 집으로 온다. (   )

2) 32Kg의 물건을 보내려면 1,000~2,000원을 내야 한다. (   )

Ⅲ. 읽어 봅시다

우체국의 여러 가지 서비스 안내

가족이나 친구의 특별한 날을 축하하실 건가요?

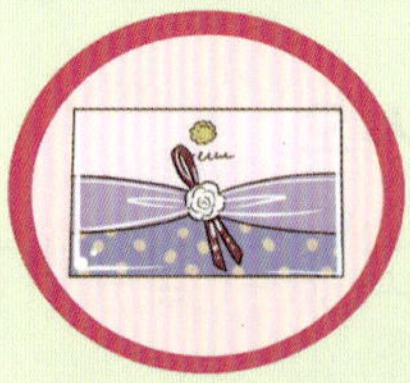

우체국의 축하 카드 서비스를 이용해 보세요. 카드를 고르고 축하 인사를 쓰시면 하루 안에 축하 카드를 배달해 드립니다. 같은 카드를 한 번에 100명에게나 보낼 수도 있습니다.

사랑하는 사람에게 꽃을 선물하실 건가요?

우체국에서 꽃도 배달해 드립니다. 아름다운 꽃다발을 메시지와 함께 보낼 수 있습니다. 원하시면 선물도 같이 배달해 드립니다. 선물 배달은 따로 돈을 내야 합니다.

좋은 식품을 드시고 싶은가요?

우체국에서는 맛있고 몸에 좋은 신선 식품을 팝니다. 인터넷이나 전화로 주문하시면 신선한 과일, 채소, 고기, 곡류 등을 집으로 배달해 드립니다.

계속 비싼 휴대 전화를 사용하실 건가요?

우체국에서는 싼 가격으로 휴대 전화를 사서 이용하실 수 있습니다. 우체국의 휴대 전화 서비스는 보통 휴대 전화 서비스보다 20~30%나 쌉니다.

하루　팔다

1 우체국에서 하지 않는 서비스는 무엇입니까? (   )

❶ 축하 카드 배달 서비스
❷ 꽃 배달 서비스
❸ 백화점 물건 배달 서비스
❹ 휴대 전화를 파는 서비스

2 맞는 것을 고르십시오. (   )

❶ 축하 카드는 한 번에 한 명에게만 보낼 수 있다.
❷ 꽃을 배달할 때 메시지를 보내고 싶으면 돈을 더 내야 한다.
❸ 우체국 인터넷 사이트에서 맛있고 신선한 식품을 살 수 있다.
❹ 우체국 휴대 전화 서비스는 다른 휴대 전화 서비스보다 조금 비싸다.

3 맞으면 O, 틀리면 X 하십시오.

1) 우체국의 소포 서비스를 안내하는 글이다. (   )
2) 우체국에서 꽃을 보낼 때 선물도 같이 보낼 수 있다. (   )

IV. 따라해 봅시다

<흐름소리 이음> /ㄹㄹ/

걸립니다 물론 몰라서

- 배편으로 한 달쯤 **걸립니다**.
- 항공편으로 보내면 **물론** 배편보다 비싸요.
- 직원이 하는 말을 **몰라서** 답답했다.

V. 정리해 봅시다

1. 우체국을 이용해 봤습니까? 어떤 일을 했습니까?
2. 여러분 나라의 우체국과 한국의 우체국은 무엇이 다릅니까?

14과 전화

1. 휴대 전화

MP3 / 33

• 학습 목표: 휴대 전화의 다양한 기능을 설명하는 내용을 이해할 수 있다.

Ⅰ. 준비해 봅시다

휴대 전화로 무엇을 할 수 있습니까? 보기에서 골라 쓰십시오.

1) 

(   )

2) 

(   )

3) 

(   )

4) 

(   )

보기

통화하다	계산하다	녹음하다
사진을 찍다	동영상을 보다	문자 메시지를 보내다

통화하다 계산하다 녹음하다 동영상을 보다

II. 들어 봅시다

1 음성 메시지를 듣고 들은 내용을 말한 것을 연결하십시오.

1) •   • ❶ 요즘 에릭 씨가 바쁘다고 합니다.

2) •   • ❷ 마이클 씨가 고향에 돌아갔다고 합니다.

3) •   • ❸ 약속 장소가 학교 정문 앞이라고 합니다.

4) •   • ❹ 노라 씨가 케이크를 만들어 가지고 올 거라고 합니다.

2 대화를 듣고 에릭 씨가 점원에게 질문한 것을 모두 골라 ✔하십시오.

1)

( )

2)

( )

3)

( )

4)

( )

5)

( )

6)

( )

[3-4] 대화를 듣고 질문에 답하십시오.

3 윤아 씨 어머니는 윤아 씨에게 왜 전화를 했습니까?

4 맞으면 O, 틀리면 X 하십시오.

1) 존 씨는 요즘 가족들과 휴대 전화로 동영상을 자주 찍는다. ( )

2) 존 씨는 내일 하늘 씨, 윤아 씨와 등산을 할 것이다. ( )

음성 메시지   검색하다   속도

[5-7] 대화를 듣고 질문에 답하십시오.

5 두 사람은 무슨 이야기를 하고 있습니까? (　　)

❶ 휴대 전화의 디자인　　❷ 휴대 전화의 불편한 점
❸ 휴대 전화의 여러 가지 기능　　❹ 휴대 전화의 좋은 점과 나쁜 점

6 휴대 전화의 좋은 기능은 무엇입니까?

7 맞으면 ○, 틀리면 X 하십시오.

1) 유키 씨는 휴대 전화에 사전 기능이 있어서 좋다고 생각한다. (　　)
2) 유키 씨는 휴대 전화 때문에 눈이 나빠졌다. (　　)

Ⅲ. 읽어 봅시다

요즘은 아이부터 노인까지 휴대 전화가 없는 사람이 없다. 많은 사람들이 휴대 전화로 통화나 녹음, 계산, 동영상과 사진 찍기, 게임 등 여러 가지를 한다.

우리 신문사가 20-30대와 70대 이상의 노인 모두 1,000명에게 휴대 전화를 언제 사용하고, 사용하면서 좋은 점과 불편한 점이 뭐냐고 질문했다.

20-30대는 휴대 전화로 뉴스나 드라마를 보고 쇼핑이나 인터넷 뱅킹을 한다고 대답했다. 휴대 전화로 사진을 찍어서 블로그에 올리는 것을 좋아한다고 했다.

나이가 많은 노인들은 20-30대와 다르게 통화를 하거나 메시지를 보낼 때 많이 사용한다고 했다. 또 물건 값 같은 것을 계산할 일이 많은데 휴대 전화로 계산하면 되니까 아주 편리하다고 이야기했다. 인터넷 검색도 가끔 하는데 글씨가 너무 작아서 불편하다고 대답했다.

그래서, 휴대 전화 회사들은 노인들이 편하게 검색할 수 있고 글씨를 크게 볼 수 있는 휴대 전화를 새로 만들 것이라고 한다.

기능　기사　청소년　위험하다　글씨

1 이 글에서 이야기하고 있는 것은 무엇입니까? (   )

❶ 휴대 전화를 사용하는 시간
❷ 휴대 전화로 통화할 때의 문제점
❸ 20-30대와 70대의 휴대 전화 사용
❹ 70대 노인이 휴대 전화로 쇼핑할 때 좋은 점

2 노인들이 휴대 전화로 인터넷 검색하는 것을 왜 불편해 합니까?

3 맞으면 ○, 틀리면 X 하십시오.

1) 휴대 전화 회사가 사람들에게 휴대 전화의 좋은 점이 뭐냐고 질문했다. (   )
2) 노인들은 드라마나 뉴스를 볼 때 휴대 전화를 많이 사용한다. (   )

Ⅳ. 따라해 봅시다

<받침> /ㄹ/

내일 멀리 물건

- **내일** 약속 잊어버리지 않았지?
- **멀리** 있는 가족과 편하게 연락할 수 있어요.
- 휴대 전화로 **물건** 값을 계산합니다.

Ⅴ. 정리해 봅시다

1. 여러분은 휴대 전화로 무엇을 많이 합니까?
2. 휴대 전화의 좋은 점과 나쁜 점은 무엇일까요? 이야기해 봅시다.

14과 전화

2. 메시지

MP3 / 34

• 학습 목표: 메시지나 메모의 내용을 이해할 수 있다.

Ⅰ. 준비해 봅시다

다음 그림에 맞게 보기에서 골라 순서대로 쓰십시오.

1)

( )

2)

( )

3)

( )

4)

( )

보기

메시지가 오다　　메모를 남기다　　메시지를 보내다　　메시지를 확인하다

Ⅱ. 들어 봅시다

1 대화를 듣고 레오 씨가 친구들과 함께 하고 싶어 하는 것에 모두 ✔하십시오.

1)

( )

2)

( )

3)

( )

4)

( )

5)

( )

6)

( )

함께　남기다

2 대화를 듣고 앞으로 할 일에 ✔하십시오.

1)

❶ (   ) ❷ (   )

2)

❶ (   ) ❷ (   )

3)

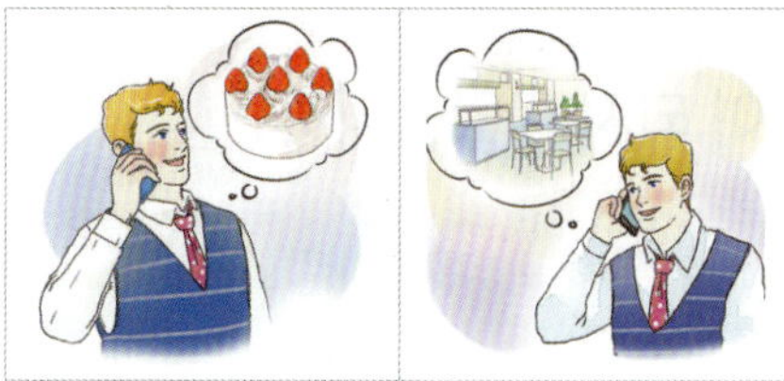

❶ (   ) ❷ (   )

4)

❶ (   ) ❷ (   )

[3-4] 메시지를 듣고 질문에 답하십시오.

3 이 사람은 에릭 씨에게 왜 전화했습니까? 빈칸에 알맞은 말을 쓰십시오.

7시에 ________ 에서 만나서 밥을 먹고 ________ 에 가자고 하려고 전화했다.

4 맞으면 O, 틀리면 X 하십시오.

1) 에릭 씨는 지금 회사에 있다. (   )

2) 노라 씨는 서울역에 도착해서 에릭 씨에게 전화를 할 것이다. (   )

출발하다　남산　서울역

[5-7] 대화를 듣고 질문에 답하십시오.

5 레오 씨는 왜 친구를 못 만났습니까? (　　)

❶ 레오 씨가 일이 바빠서
❷ 레오 씨가 늦게 일어나서
❸ 레오 씨 친구가 다른 약속이 있어서
❹ 레오 씨 친구가 회사에 급한 일이 있어서

6 레오 씨는 왜 친구와 연락이 되지 않았습니까?

7 맞으면 O, 틀리면 X 하십시오.

1) 레오 씨는 약속을 바꾸려고 친구에게 메시지를 보냈다. (　　)
2) 레오 씨는 이번 주말에 친구와 만날 약속을 했다. (　　)

III. 읽어 봅시다

하늘아, 엄마가 네가 좋아하는 만두를 조금 만들어 가지고 왔는데 집에 없구나. 전화를 걸었는데 받지 않네. 지금 수업 중인 것 같다. 30분 동안 기다렸는데 오지 않아서 메모를 남기고 집에 가려고 한다.

형이 다음 주에 할아버지 생신이니까 가족이 다 함께 식사 한번 하자고 한다. 오랜만에 좋은 식당을 예약한다고 했어. 그러니까 꼭 와라. 또 형이 여자 친구를 우리 가족에게 소개해 준다고 한다. 요즘 공부 때문에 좀 바쁘겠지만 이번 가족 모임에 꼭 왔으면 좋겠다. 형이 할아버지 생신 케이크 좀 사 오라고 했는데 엄마가 바쁘니까 네가 좀 사 가지고 와라.

할아버지도 오랜만에 가족이 모두 모이니까 기뻐하신다. 그러니까 잊으면 안 된다. 간단하게 쓰려고 했는데 길어졌구나. 시간 있으면 엄마한테 전화 한번 해라.

－사랑하는 엄마가

낮잠　깜빡　꼭　기쁘다

1 하늘 씨 어머니는 오늘 왜 하숙집에 왔습니까? (　　)

❶ 하늘 씨 여자 친구를 만나고 싶다.
❷ 하늘 씨와 케이크를 같이 먹고 싶다.
❸ 하늘 씨의 생일이 다음 주이기 때문이다.
❹ 하늘 씨가 먹을 만두를 만들어 가지고 왔다.

2 하늘 씨는 다음 주에 있는 가족 모임에 무엇을 준비해야 합니까?

3 맞으면 O, 틀리면 X 하십시오.

1) 하늘 씨 어머니는 하숙집에서 기다리다가 메모를 남겼다. (　　)
2) 하늘 씨는 바빠서 다음 주 가족 모임에 가지 않아도 된다. (　　)

Ⅳ. 따라해 봅시다

<ㅎ소리 줄이기> 받침/ㅎ/ 뒤에 /ㅇ/이 올 때 /ㅎ/을 발음하지 않는다.

좋아하는[조아하는]　놓으세요[노으세요]　낳았어요[나앋써요]

- 네가 **좋아하는** 만두를 좀 만들어 가지고 왔어.
- 책상 위에 휴대 전화를 **놓으세요**.
- 이모가 조카를 **낳았다고** 메시지를 보냈어요.

Ⅴ. 정리해 봅시다

1. 요즘 친구들과 메시지로 무슨 이야기를 합니까?
2. 메시지를 잘못 보낸 적이 있습니까? 무슨 문제가 생겼습니까?

복습

MP3 / 35

1 다음을 읽고 질문에 답하십시오.

저는 한국 친구에게 어디에서 통장을 만들면 되냐고 물어본 적이 있습니다. 친구가 우체국에서 통장을 만들면 여러 가지로 편하니까 거기에서 통장을 만들라고 했습니다. 그래서 한국에 와서 우체국 통장부터 하나 만들었습니다.

우체국에 갔는데 사람들이 많았습니다. 돈을 찾는 사람, 체크 카드를 신청하는 사람, 택배를 보내는 사람, 다른 나라로 소포를 부치는 사람, 많은 사람들이 우체국에 있었습니다. 번호표를 뽑았는데 내 앞에 30명이나 있었습니다. 기다리는 동안 휴대 전화로 음악을 들으면서 잡지를 봤습니다. 20분쯤 후에 직원이 내 번호를 불러서 여권을 내고 통장을 만들었습니다.

우체국 직원은 우체국 앱을 다운로드 받으면 휴대 전화로 인터넷 뱅킹과 택배 서비스까지 모두 이용할 수 있다고 했습니다. 저는 휴대 전화로 보통 인터넷을 하거나 동영상을 보는데 여러 가지 다른 일도 할 수 있어서 신기했습니다. 하숙비를 낼 때도 (가)에 직접 갈 필요가 없고, 인터넷 쇼핑으로 물건을 샀다가 바꿀 때도 쉽게 (나)를 신청할 수 있습니다. 휴대 전화로 이렇게 많은 우체국 서비스를 이용할 수 있어서 생활이 더 편해진 것 같습니다.

1) 이 글은 무엇에 대한 글입니까? (　　)

① 통장　② 우체국　③ 휴대 전화　④ 인터넷 뱅킹

2) 맞지 않는 것을 고르십시오. (　　)

① 통장을 만들려면 여권이 있어야 합니다.
② 우체국 앱으로 다른 사람에게 돈을 보낼 수 있습니다.
③ 이 사람은 한국에 와서 먼저 우체국 통장을 만들었습니다.
④ 통장을 만들 때 이 사람 앞에 다른 사람이 조금 있었습니다.

3) 빈 칸에 알맞은 것을 보기 에서 골라 쓰십시오.

보기

통장　은행　택배　소포

가 (　　　　)　나 (　　　　)

2 대화를 듣고 질문에 답하십시오.

1) **대화를 듣고 다음의 내용을 시간의 순서대로 쓰십시오.**

① 여자가 우체국에 택배를 신청합니다.

② 택배 직원이 여자에게 전화를 합니다.

③ 택배 직원이 여자의 집에 메모를 남깁니다.

④ 택배 직원이 3시에 여자의 집을 방문합니다.

(　　　　) → (　　　　) → (　　　　) → (　　　　)

2) **맞는 것을 고르십시오. (　　)**

① 여자는 어제 택배 직원을 만났습니다.

② 여자는 아직 물건을 보내지 못했습니다.

③ 여자는 지금 우체국에서 이야기를 하는 중입니다.

④ 여자는 전화를 걸어서 우체국 택배를 신청했습니다.

문화

공과금 자동 납부기

은행에 가면 현금 자동 인출기 옆에 공과금 자동 납부기를 볼 수 있습니다. 이전에는 집 관리비나 가스비, 수도 요금, 전화 요금을 낼 때 창구에서 번호표를 뽑고 오래 기다려야 했습니다. 하지만 이제는 공과금 자동 납부기가 있어서 은행 통장이나 카드가 있으면 줄을 서지 않고 바로 납부할 수 있습니다. 최근에는 신용 카드나 인터넷 뱅킹으로 더 간편하게 낼 수 있게 되었습니다.

1. **공과금 자동 납부기에서 무엇을 할 수 있습니까?**
2. **여러분 나라에서 공과금을 어떻게 냅니까?**

신기하다　우편함　맞추다

15과 예약과 주문

1. 식당 예약

MP3 / 36

• 학습 목표: 다양한 방법으로 식당을 예약하는 내용을 이해할 수 있다.

Ⅰ. 준비해 봅시다

다음 이야기의 빈칸에 알맞은 단어를 보기에서 찾아 쓰십시오.

* 안내 *

'우리 식당'이 문을 연 지 10년이 되었습니다!!
감사의 마음을 담아 손님 여러분께
무료로 식사하실 수 있는 기회를 드리려고 합니다.
저희 홈페이지에 들어오셔서 (　　　　)을/를
해 주십시오. 먼저 식사하러 오실 (　　　　)을/를
고르신 후에 (　　　　)을/를 남겨 주십시오.
열 분을 뽑아서 원하는 날 앉으실 수 있는
(　　　　)을/를 따로 준비하겠습니다.

보기

날짜
연락처
예약
예약석

Ⅱ. 들어 봅시다

1 문장을 듣고 맞는 그림에 ✔하십시오.

1)

❶ (　　)

❷ (　　)

2)

❶ (　　)

❷ (　　)

3)

❶ (　　)

❷ (　　)

4)

❶ (　　)

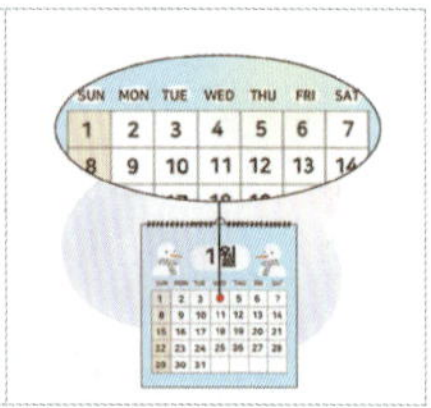

❷ (　　)

기회　날짜　예약석　분위기　카페　공휴일　연말

2 유키와 윤아는 식당에서 무슨 이야기를 했습니까? 대화를 듣고 빈칸에 알맞은 표현을 고르십시오.

윤아가 유키에게 물을 (주라고, 달라고) 했습니다. 유키가 윤아에게 주문을 해 (주라고, 달라고) 하고 동생에게 물을 (주라고, 달라고) 했습니다. 윤아가 유키에게 동생에게 냉면이 무엇인지 설명해 (주라고, 달라고) 했습니다.

[3-4] 대화를 듣고 질문에 답하십시오.

3 여자가 예약한 내용입니다. 빈칸에 알맞은 단어를 쓰십시오.

시간 : ______ 월 ______ 일 ______ 요일 ______ 시
사람 : ______ 명

4 맞으면 O, 틀리면 X 하십시오.

1) 여자의 생일 파티를 하려고 식당을 예약했다. ( )
2) 식당 주인은 여자에게 이름과 연락처를 말해 달라고 했다. ( )

[5-7] 대화를 듣고 질문에 답하십시오.

5 존은 하늘이에게 무엇을 부탁했습니까?

______

6 예약하는 순서를 찾아 번호를 쓰십시오.

❶ 연락처 쓰기
❷ '예약하기' 버튼 누르기
❸ 식사하는 사람 수 고르기
❹ 예약 날짜와 시간 고르기
❺ '예약 신청하기' 버튼 누르기

( ) → (❹) → ( ) → ( ) → ( )

잠시만요 성함 계속 마지막

7 맞지 않는 것을 고르십시오. (　　)

❶ 존은 친구 두 명과 같이 식사할 것이다.
❷ 예약 신청이 끝나면 문자 메시지가 온다.
❸ 인터넷으로 예약하면 음료수를 무료로 준다.
❹ 존의 친구들이 하늘이에게 예약을 부탁했다.

III. 읽어 봅시다

다음 주 수요일부터 연휴가 시작되는데 그때 고향에서 언니와 조카가 온다. 일 년 만에 그리운 가족을 만날 수 있어서 정말 기대가 된다. 어제는 언니에게 전화를 해서 한국에서 무엇을 하고 싶냐고 물었다. 언니는 한국 방문이 처음이어서 한국에서 지내는 동안 여러 가지 경험을 하고 싶어 했다. 유명한 관광지를 안내해 달라고 하고 고향에서는 맛볼 수 없는 한국 음식을 먹고 싶다고 했다. 한국 드라마에 관심이 많은 조카는 방송국을 안내해 달라고 했다. 그리고 드라마에서 본 매운 음식을 먹어 보고 싶다고 했다. 조카가 한국의 매운 음식을 먹을 수 있을까?

맛집을 많이 아는 친구에게 매운 음식을 맛있게 하는 식당을 좀 소개해 달라고 했다. 친구가 식당 몇 곳을 알려 줬다. 그중 한 식당은 인기가 많은 곳이라서 휴일에 가려면 예약을 꼭 해야 한다고 했다. 그래서 오늘 전화를 걸어서 바로 예약을 했다. 한국을 여행하는 동안 가족들이 양식도 먹고 싶어 할 것 같아서 인터넷에서 좀 알아봤다. 뷔페 식당을 하나 찾았는데 세계 여러 나라의 음식이 있는 곳이라서 우리 가족에게 좋을 것 같았다. 예약을 할 때 자리를 고를 수 있다고 해서 조용한 자리로 달라고 했다.

언니와 조카가 오면 좀 바빠지겠지만 연휴를 행복하게 보낼 수 있을 것 같다.

기대　경험　알리다　뷔페

1 이 사람은 왜 식당을 예약했습니까?

2 다음 사람이 한국에서 하고 싶어 하는 것은 무엇입니까? 맞는 문장을 연결하십시오.

1) 언니 •

2) 조카 •

• ❶ 관광지에 가고 싶다.
• ❷ 방송국에 가고 싶다.
• ❸ 매운 음식을 먹고 싶다.
• ❹ 고향에서 먹을 수 없는 음식을 먹고 싶다.

3 맞는 것을 고르십시오. (   )

❶ 언니는 전에 한국에 온 적이 없다.
❷ 휴일에는 인기가 많은 식당을 예약할 수 없다.
❸ 뷔페 식당에서 식사할 때 좀 시끄러울 것이다.
❹ 친구가 매운 음식을 잘하는 식당을 예약해 주었다.

Ⅳ. 따라해 봅시다

<흐름소리 2> /ㄹ/ 뒤에서 /ㄴ/ → [ㄹ]

일 년 [일련] 설날 [설랄] 실내 [실래]

• **일 년** 만에 가족을 만납니다.
• **설날** 연휴에 여행하려고 호텔을 예약했다.
• 날씨가 추우니까 **실내**에 있는 자리로 부탁합니다.

Ⅴ. 정리해 봅시다

1. 여러분은 식당을 결정할 때 무엇을 제일 중요하게 생각합니까?
2. 여러분은 한국에서 식당을 예약한 적이 있습니까? 어떻게 했습니까?

15과 예약과 주문

2. 배달 주문

MP3 / 37

• 학습 목표: 음식을 배달 시키고 확인하는 내용을 이해할 수 있다.

Ⅰ. 준비해 봅시다

문자 메시지의 빈칸에 알맞은 단어를 보기에서 골라 쓰십시오.

우리 배 고픈데 나가서 떡볶이 먹고 올까? 오후9:04

떡볶이 좋아. 그런데 나가기 좀 귀찮은데 우리 (　　　　　　)어서/아서/여서 먹자. 오후9:04

그러자. 그런데 가게에서 이 시간에 (　　　　　　)어/아/여 줄까? 오후9:05

응, 아직 9시니까 괜찮을 거야. 내가 전화해서 떡볶이하고 튀김을 (　　　　　　)을게/ㄹ게. 오후9:05

알겠어. 이따가 (　　　　　　)으면/면 다시 문자 보내 줘. 네 방으로 갈게. 오후9:05

보기

주문하다,
배달하다,
배달되다,
배달 시키다

Ⅱ. 들어 봅시다

1 대화를 듣고 맞는 그림에 ✔하십시오.

1)

❶ (　　)

❷ (　　)

2)

❶ (　　)

❷ (　　)

3)

❶ (　　)

❷ (　　)

4)

❶ (　　)

❷ (　　)

주문하다　배달하다　배달되다　배달 시키다　판　신용 카드　결제하다

2 대화를 듣고 유키 씨가 전에 해 본 일에 모두 ✔하십시오.

① (   )

② (   )

③ (   )

④ (   )

⑤ (   )

[3-4] 대화를 듣고 질문에 답하십시오.

3 남자는 왜 전화했습니까? (   )

① 자장면을 주문하려고
② 배달 주소를 물어보려고
③ 배달이 늦어서 물어보려고
④ 배달이 되는지 물어보려고

4 맞으면 O, 틀리면 X 하십시오.

1) 남자는 조금 후에 회의에 들어가야 한다. (   )
2) 남자는 앞으로 30분 정도 더 기다려야 한다. (   )

[5-7] 대화를 듣고 질문에 답하십시오.

5 리타오 씨는 지금 무엇을 하러 갑니까?

6 맞는 것을 고르십시오. (   )

① 주문한 음식은 한 가지이다.
② 전화를 걸어서 배달을 주문했다.
③ 리타오 씨는 휴대 전화로 결제했다.
④ 리타오 씨는 건물 밖에서 기다릴 것이다.

팥빙수 늘 방금 간단하다 종류

7 주앙 씨가 전에 시켰던 곳에서는 배달에 무슨 문제가 있었습니까?

헤이 피자 전화

배달 시간 매일 오전 11:00-오후 11:00
주소 서울시 서대문구 창천동
배달 거리 1.5 km
점수 4.1

★ 피자를 한 판만 주문하시면 배달비(3,000원)가 있습니다. 두 판 이상 주문하거나 피자와 치킨을 같이 시키면 배달비가 무료입니다.
★ 큰 사이즈 피자를 주문하시면 콜라나 사이다를 무료로 드립니다.

메뉴
피자 ▶
치킨 ▶
음료 ▶

장바구니 | 주문 | 결제

피자 이딸리 전화

배달 시간 매일 오전 11:30-오후 10:00
주소 서울시 마포구 상수동
배달 거리 2 km
점수 4.3

★ 10,000원 이상 주문하셔야 배달됩니다. (배달비 1,000원)
★ 전에 주문하셨던 손님께는 다음에 쓸 수 있는 20% 할인 쿠폰을 드립니다.

메뉴
피자 ▶
파스타 ▶
음료 ▶

장바구니 | 주문 | 결제

---

1 이 글은 무엇입니까? (　　)

❶ 식당 홈페이지　　❷ 배달 서비스 앱
❸ 예약 서비스 앱　　❹ 맛집 안내 블로그

거리　점수　배달비　파스타　장바구니

2 이 글을 본 사람들이 할 수 있는 말로 맞지 않는 것은 무엇입니까? (　　)

❶ "오전 11시니까 <헤이 피자>에서 시킬 수 있겠어요."
❷ "파스타도 먹고 싶은데 <피자 이딸리>에서 시킬까요?"
❸ "<피자 이딸리>에서 주문하면 항상 쿠폰을 받을 수 있어."
❹ "<헤이 피자>에서 피자와 치킨을 시켰으니까 배달비를 안 내도 돼."

3 빈칸에 알맞은 단어를 고르십시오.

<헤이 피자>는 <피자 이딸리>보다 배달 시간이 더 (길다, 짧다). 배달 거리는 더 (멀다, 가깝다). 그리고 점수는 더 (높다, 낮다). 큰 사이즈의 피자를 주문하면 (음료수, 쿠폰)을/를 받을 수 있다.

V. 따라해 봅시다

<모음 /ㅢ/> /ㅢ/가 뒤에 올 때는 [의] 또는 [이]로 발음한다.

회의 [회의/회이] 거의 [거의/거이] 문의 [무니]

- **회의**를 시작하기 전에 음식을 시킵시다.
- 주문한 음식이 도착할 시간이 **거의** 다 됐어요.
- 음식에 대해서 **문의**하려면 식당에 직접 전화하세요.

V. 정리해 봅시다

1. 한국에서 배달을 시켜 본 적이 있습니까? 무엇을 배달 시켰습니까?
2. 여러분 나라와 한국의 배달 서비스는 어떻게 다릅니까? 이야기해 보십시오.

16과 건강

1. 병원

MP3 / 38

• 학습 목표: 친구나 의사 선생님에게 아픈 증세를 설명하는 내용을 이해할 수 있다.

Ⅰ. 준비해 봅시다

보기 에서 관계가 있는 것을 골라 쓰십시오.

1) 밥을 급하게 많이 먹어서 속이 불편해요. ( )
2) 목이 붓고 기침이 심해요. ( )
3) 아이스크림을 많이 먹어서 배가 아파요. ( )
4) 과일과 채소를 잘 먹지 않아서 일주일 동안 화장실에 못 갔어요. ( )

보기

감기에 걸리다　　배탈이 나다　　소화가 안 되다　　변비가 있다

Ⅱ. 들어 봅시다

1 대화를 듣고 알맞은 것을 모두 골라 ✔하십시오.

1)

❶ ( )

❷ ( )

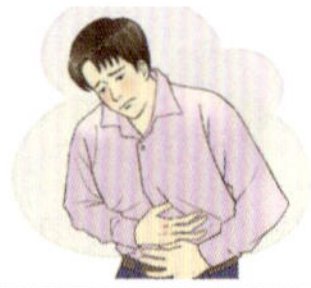
❸ ( )

2)

❶ ( )

❷ ( )

❸ ( )

3)

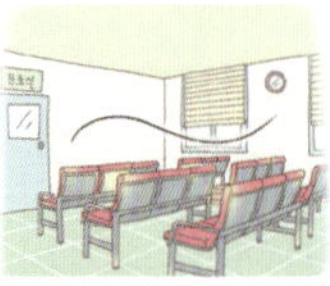
❶ ( )

❷ ( )

❸ ( )

4)

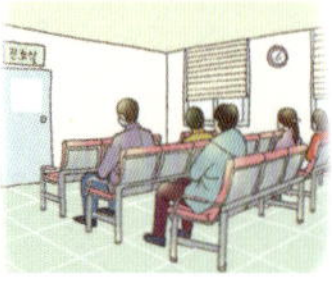
❶ ( )

❷ ( )

❸ ( )

속　붓다　감기에 걸리다　환자　배탈이 나다　소화　변비　기침을 하다　열이 나다

2 이야기를 듣고 이 사람이 병원에서 한 일을 모두 고르십시오.(　　,　　)

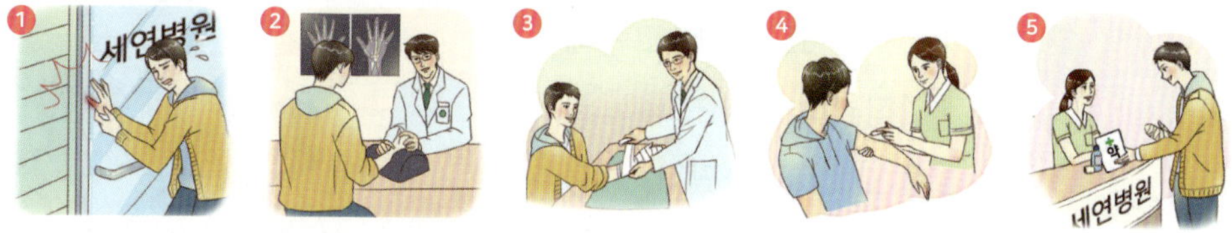

[3-4] 대화를 듣고 질문에 답하십시오.

3 주앙 씨는 어디가 어떻게 아팠습니까?

4 맞으면 O, 틀리면 X 하십시오.

1) 주앙 씨는 지난주보다 많이 좋아졌다. (　　)
2) 흐엉 씨가 주앙 씨에게 병원에 가 보라고 이야기했다. (　　)

[5-7] 대화를 듣고 질문에 답하십시오.

5 여자의 증세로 맞지 <u>않는</u> 것을 고르십시오. (　　)

❶ 배가 많이 아프다.　　❷ 소화가 잘 안 된다.
❸ 화장실에 자주 간다.　　❹ 배에서 소리가 자주 난다.

6 맞는 것을 고르십시오. (　　)

❶ 요즘 날씨가 춥다.
❷ 여자는 감기에 걸렸다.
❸ 약을 다 먹은 후에 꼭 병원에 와야 한다.
❹ 여자는 아이스크림과 빙수를 많이 먹었다.

7 여자는 앞으로 어떻게 해야 합니까?

넘어지다　검사　깁스를 하다　짓다　낫다　차다　심하다

요즘 날씨가 더워서 밤마다 에어컨을 켜고 잤다. 그런데 어제 아침부터 갑자기 몸이 떨리고 목도 너무 아팠다. 기침도 심한 데다가 콧물도 났다. 좀 쉬면 괜찮아질 것 같아서 푹 잤다. 자고 일어났는데 목이 더 아프고 열도 많이 났다. 그래서 집 근처에 있는 병원에 갔다.

한국 병원에 처음 가는 것이라서 좀 무섭기도 하고 걱정도 되었다. 병원에는 의사 선생님을 만나려고 기다리는 환자들이 많았다. 기다리는 동안 한국말로 어떻게 설명해야 좋을지 생각했다. 내 차례가 되어서 선생님을 만나려고 들어갔다. 의사 선생님은 아주 친절하게 어디가 언제부터 아팠는지 물어보시고 내가 대답을 할 때까지 기다려 주셨다. 내 이야기를 듣고 몇 가지를 검사하신 후에 심한 감기에 걸렸다고 말씀하셨다. 밤마다 에어컨을 켜고 자서 감기에 걸린 것 같다고 하셨다. 목이 많이 부었으니까 찬 음식을 먹으면 안 된다고 하셨다. 목을 따뜻하게 하고 약은 사흘 동안 먹으라고 하셨다. 그리고 밤에 에어컨을 계속 켜고 자면 감기가 심해질 수 있기 때문에 감기가 나을 때까지는 에어컨을 켜고 자면 안 된다고 하셨다.

몸이 아프니까 공부도 하기 싫고 생활하는 것이 너무 힘들다. 앞으로는 에어컨을 켜고 자지 말아야겠다. 빨리 감기가 나았으면 좋겠다.

1 이 사람은 왜 병원에 갔습니까?

콧물이 나다

2 맞지 않는 것을 고르십시오. (　　)

❶ 병원에서 몇 가지 검사를 받았다.
❷ 이 사람은 기침이 심하고 열도 났다.
❸ 병원에 가기 전에 집에서 약을 먹었다.
❹ 이 사람은 전에 한국에서 병원에 가 본 적이 없다.

3 의사가 한 말이 아닌 것을 고르십시오. (　　)

❶ 약을 4일 동안 드세요.
❷ 목을 따뜻하게 하세요.
❸ 찬 음식을 드시면 안돼요.
❹ 에어컨을 켜고 자면 안돼요.

Ⅳ. 따라해 봅시다

<입천장 소리 1>　/ㅈ/　/ㅉ/　/ㅊ/

주다　오른쪽　차다

- 내가 대답할 때까지 기다려 **주셨다**
- **오른쪽** 다리를 다쳤다
- **찬** 음식을 많이 먹어서 배탈이 났다

Ⅴ. 정리해 봅시다

1. 감기에 걸리면 증세가 어떻습니까?
2. 한국의 병원에 가 본 적이 있습니까? 여러분 나라의 병원과 무엇이 다릅니까?

16과 건강

2. 약국

MP3 / 39

• 학습 목표: 약의 종류와 효과를 설명하는 내용을 이해할 수 있다.

Ⅰ. 준비해 봅시다

이 사람에게 무슨 약이 필요합니까? 보기에서 관계가 있는 것을 골라 쓰십시오.

1) 다리를 다쳐서 피가 납니다. (   )
2) 밥을 많이 먹어서 소화가 안 됩니다. (   )
3) 머리가 아파서 잠을 잘 수 없습니다. (   )
4) 기침을 많이 해서 목이 쉬었습니다. (   )

보기

기침약 두통약 소독약 소화제 변비약 한약

Ⅱ. 들어 봅시다

1 대화를 듣고 무엇을 할지 알맞은 것에 ✔하십시오.

1)

❶ (   ) ❷ (   )

2)

❶ (   ) ❷ (   )

3)

❶ (   ) ❷ (   )

4)

❶ (   ) ❷ (   )

기침약 소독약 소화제 두통 두통약 변비약 한약 종합 감기약

2 대화를 듣고 어떤 치료를 받아야 하는지 알맞은 것을 연결하십시오.

1) • 2) • 3) • 4) •

• • • •

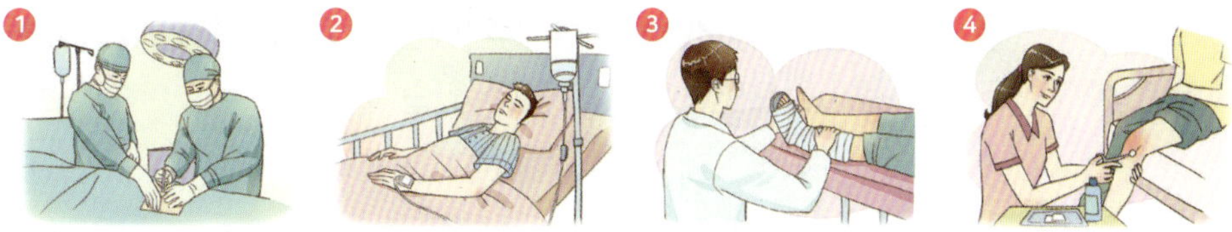

❶ ❷ ❸ ❹

[3-4] 대화를 듣고 질문에 답하십시오.

3 존 씨가 갈 곳을 고르십시오. ( )

❶ 집 ❷ 병원 ❸ 약국 ❹ 편의점

4 맞으면 O, 틀리면 X 하십시오.

1) 존 씨는 약국이 어디에 있는지 모른다. ( )

2) 노라 씨는 지금 소화제를 먹어야 한다. ( )

[5-7] 대화를 듣고 질문에 답하십시오.

5 이 사람은 어디가 왜 아픕니까?

6 맞는 것을 고르십시오. ( )

❶ 오늘은 주말이다.

❷ 이 사람은 평소에 물을 잘 마시지 않는다.

❸ 이 사람은 여기에 오기 전에 병원에 다녀왔다.

❹ 채소와 과일을 많이 먹으면 약을 안 먹어도 된다.

수술을 받다 바르다 입원 평소 도움

7 이 사람이 먹을 약은 무엇입니까? (   )

❶ 소화제　　❷ 감기약　　❸ 두통약　　❹ 변비약

쉬는 날이나 늦은 밤에 갑자기 아플 때 걱정 많으셨죠? 병원에 갈 수 없을 때는 약이라도 먹어야겠죠? 이 약 상자에는 급할 때 필요한 약들이 들어있기 때문에 이것만 있으면 쉽게 치료할 수 있습니다.

아이가 놀다가 넘어졌을 때 그냥 약만 바르십니까? 아주 작은 상처도 빨리 소독하지 않으면 안 됩니다. 다친 곳을 소독한 후에 약을 발라야 상처가 심해지지 않습니다.

※다친 곳에 한두 번만 발라 주시면 됩니다.

두통이 심해서 밤에 잠을 잘 못 주무십니까? 두통 때문에 일이나 공부를 할 때 힘드십니까? 이런 분들에게는 이 약이 필요합니다.

※이 약은 하루에 세 알 이상 드시면 안 됩니다.

밥을 많이 먹어서 속이 불편하십니까? 속이 불편하시거나 소화가 안 될 때는 이 약을 드시면 됩니다.

※식사를 하고 30분 후에 드셔야 합니다.

아이가 감기에 걸려서 열이 나는 데다가 기침까지 심하면 너무 걱정되시죠? 그럴 때 이 약을 먹으면 좋습니다.

※이 약은 바닥에 있는 약을 잘 섞어야 하기 때문에 흔들어서 먹지 않으면 안 됩니다.

상처　다치다　치료　알　어린이　흔들다

1 무엇을 광고하는 글입니까?

__________ 는/은/ㄴ 약

2 맞는 것을 고르십시오. (   )

① 두통약은 하루에 4알 먹어도 된다.
② 이 약 상자에는 여러 가지 약이 있다.
③ 소화제는 밥을 먹고 바로 먹어야 한다.
④ 어린이 감기약을 먹으면 콧물이 나지 않는다.

3 맞으면 O, 틀리면 X 하십시오.

1) 작은 상처는 소독하지 않아도 된다. (   )
2) 어린이 감기약은 먹기 전에 잘 흔들어야 한다. (   )

Ⅳ. 따라해 봅시다

<입천장 소리 2> /ㄷ/ + /ㅣ/ → [ㅈ]

굳이[구지] 해돋이[해도지]

/ㅌ/ + /ㅣ/ → [ㅊ]

같이[가치] 닫히다[다치다]

- **굳이** 약국까지 가지 않아도 약을 살 수 있어요.
- 이 약은 우유와 **같이** 먹으면 안 돼요.
- 문이 갑자기 **닫혀서** 손을 다쳤어요.

Ⅴ. 정리해 봅시다

1. 여러분은 한국 약국에 가 본 적이 있습니까? 무슨 약을 사러 갔습니까?
2. 감기에 걸렸을 때 어떻게 하면 좋습니까?

복습

MP3 / 40

1 대화를 듣고 질문에 답하십시오.

1) **두 사람은 무엇을 이야기하지 않았습니까? (　　)**

❶ 날짜　　❷ 자리
❸ 메뉴　　❹ 사람 수

2) **맞지 않는 것을 고르십시오. (　　)**

❶ 노라 씨는 이 식당에 가 본 적이 있다.
❷ 이 식당에는 주차장이 있어서 차를 가지고 와도 된다.
❸ 주말에 창가 자리에 앉으려면 예약을 일찍 해야 한다.
❹ 노라 씨는 지난번에 앉았던 창가 자리에 다시 앉을 것이다.

3) **왜 직원이 주차를 도와줍니까?**

2 다음을 읽고 질문에 답하십시오.

그제 저녁에 친구들과 함께 멋있는 레스토랑에 갔다. 분위기도 좋은 데다가 음식도 정말 맛있어서 평소보다 많이 먹었다.

그런데 음식을 먹은 후에 속이 안 좋고 배가 아프기 시작했다. 다른 친구들은 괜찮았는데 나만 배가 너무 아팠다. 화장실에도 여러 번 가고 속이 계속 불편했다. 약을 먹었지만 계속 배가 아파서 지난번에 감기에 걸렸을 때 갔던 병원에 갔다.

병원에서 조금 기다린 후에 의사 선생님을 만났다. 선생님께서는 언제부터 아팠는지 어떻게 아픈지 말해 달라고 하셨다. 선생님은 내가 배탈이 심하게 났다고 하셨다. 빨리 나으려면 음식을 조심하라고 하셨다. 또 쉬는 것이 중요하기 때문에 너무 무리하지 말라고 하셨다. 그리고 약도 잘 먹으라고 하셨다.

배가 아파서 화장실에 자주 가니까 잠도 잘 잘 수 없고 너무 힘들다. 약을 먹고 빨리 나았으면 좋겠다.

1) **이 사람은 왜 병원에 갔습니까?**

2) **맞는 것을 고르십시오. (   )**

① 이 사람은 약을 먹고 변비가 많이 좋아졌다.
② 이 사람은 전에 감기에 걸려서 이 병원에 갔다.
③ 이 사람과 같이 밥을 먹은 사람들이 모두 아프다.
④ 이 사람이 간 식당은 분위기가 좋았지만 음식은 맛이 없었다.

문화

편의점에서 살 수 있는 약

약은 약국에서만 살 수 있을까요? 요즘에는 편의점에서도 약을 살 수 있습니다. 늦은 밤이나 주말에 약국이 문을 닫았을 때도 편의점에 가면 진통제, 소화제, 소독약, 파스, 해열제, 감기약 등 생활에 필요한 약들이 준비되어 있습니다. 그러나 약을 너무 많이 먹으면 문제가 생길 수 있기 때문에 똑같은 약을 한 번에 여러 개 사면 안 됩니다. 급하게 약이 필요할 때는 편의점을 한번 이용해 보세요.

1. **편의점에서는 무슨 약을 살 수 있습니까?**
2. **여러분의 고향에서는 약국이 아닌 곳에서 약을 살 수 있습니까?**

훌륭하다 주차장 무리하다

17과 취미

1. 취미 소개

MP3 / 41

• 학습 목표: 다양한 취미를 소개하는 내용을 이해할 수 있다.

Ⅰ. 준비해 봅시다

어떤 영화를 좋아합니까? 연결하십시오.

1)  저는 무서운 영화를 정말 좋아해요. • • ① 코미디 영화

2)  재미있는 영화를 보고 크게 웃으면 기분이 좋아져요. • • ② 액션 영화

3)  저는 미래 세상에 관심이 많아서 그런 영화를 자주 봐요. • • ③ 공포 영화

4)  제 아내는 로맨틱한 영화를 좋아하지만 저는 액션 장면이 많은 영화를 좋아해요. • • ④ 공상과학영화

Ⅱ. 들어 봅시다

1 문장을 듣고 알맞은 그림을 고르십시오.

1) ( )

2) ( )

3) ( )

4) ( )

①

②

③

④

코미디 액션 공포 공상 과학 웃다 미래 세상 로맨틱하다 장면 거의

2 이야기를 듣고 언니가 아주 잘하거나 자주 하는 것에 모두 ✔하십시오.

노래	
춤	
한국말	
한국 영화	

[3-4] 대화를 듣고 질문에 답하십시오.

3 에릭 씨와 흐엉 씨의 취미는 무엇입니까?

에릭	흐엉

4 맞으면 O, 틀리면 X 하십시오.

1) 에릭 씨는 시간이 없어서 볼링장에 못 간다. ( )

2) 흐엉 씨는 베트남 요리를 맛있게 만들 수 없다. ( )

[5-7] 대화를 듣고 질문에 답하십시오.

5 레오 씨와 올리비아 씨의 취미는 무엇입니까? 모두 연결하십시오.

1) 레오 • • ❶ 여행

2) 올리비아 • • ❷ 사진 찍기

6 레오 씨가 생각하는 여행의 좋은 점은 무엇입니까? ( )

❶ 많은 경험을 할 수 있다.

❷ 유명한 곳을 가볼 수 있다.

❸ 예쁜 사진을 찍을 수 있다.

❹ 친구들을 많이 사귈 수 있다.

이상하다 볼링 즐기다

7 맞으면 O, 틀리면 X 하십시오.

1) 레오 씨는 외국 사람들과 여행을 많이 했다. ( )

2) 올리비아 씨는 한국에서 바빠서 취미 생활을 자주 즐기지 못했다. ( )

12 | 연세

한국 사람들은 취미 생활로 무엇을 많이 할까?

한국 사람들은 취미 생활로 무엇을 많이 할까? 15세부터 60세까지의 남녀 3,000명에게 물어본 결과이다.

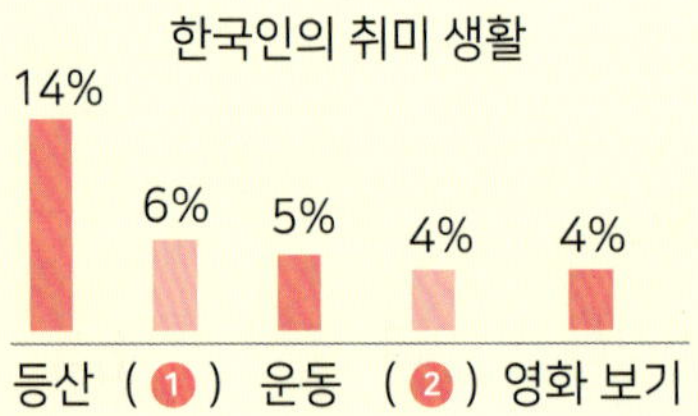

❶ ____________________

❷ ____________________

취미 생활 중에서 한국 사람들에게 등산(14%)만큼 인기가 있는 것은 없다. 그 다음으로 한국 사람들이 많이 즐기는 것은 음악 듣기(6%)이다. 운동(5%), 게임(4%), 영화 보기(4%) 등도 자주 한다.

40대 이후의 사람들은 취미 생활로 등산을 제일 많이 한다. 그러나 20대는 음악 듣기를 많이 즐긴다. 그리고 음악을 듣는 것만큼 영화도 자주 본다. 혼자 있을 때는 음악을 많이 듣고 친구들을 만났을 때는 영화를 많이 본다고 한다.

그럼 한국 사람들은 어떤 영화를 좋아할까? 한국 사람들이 가장 좋아하는 영화 종류는 액션(26%)이다. 공상과학영화(20%), 드라마(12%), 로맨틱 코미디(10%)도 좋아한다.

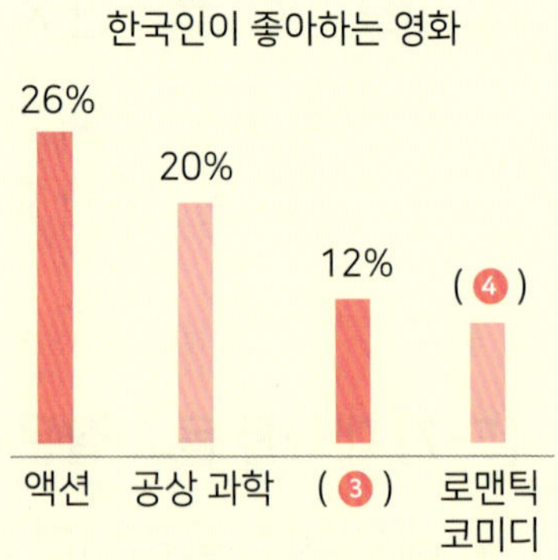

❸ ____________________

❹ ____________________

남자는 모든 나이의 사람들이 액션 영화를 제일 좋아하고 자주 본다. 여자도 제일 좋아하는 영화가 액션이다. 그러나 대부분의 여자들이 액션을 좋아해도 10대 여자는 로맨틱 코미디를 액션보다 더 좋아한다고 한다.

세 결과 등 이후 드라마

1 글을 읽고 그래프의 빈칸을 채우십시오.

2 맞는 것을 고르십시오. (　　)

❶ 모든 나이의 사람들이 등산을 제일 자주 한다.
❷ 모든 나이의 남자들이 액션 영화를 제일 좋아한다.
❸ 한국 사람들에게 하고 싶은 취미 생활을 물어봤다.
❹ 한국 사람들은 취미 생활로 등산만큼 운동도 자주 한다.

3 맞으면 O, 틀리면 X 하십시오.

1) 20대는 취미 생활로 음악 듣기보다 영화 보기를 더 즐긴다. (　　)
2) 10대 여자들은 액션 영화보다 로맨틱 코미디를 더 좋아한다. (　　)

Ⅳ. 따라해 봅시다

<혀끝소리 1> /ㄷ/ /ㄸ/ /ㅌ/

등산 때 베트남

- 제 취미는 **등산이에요.**
- 시간이 있을 **때면** 음악을 듣습니다.
- 저는 **베트남** 요리를 잘 만들어요.

Ⅴ. 정리해 봅시다

1. 여러분의 취미는 무엇입니까?
2. 그 취미 생활을 하면 어떤 점이 좋습니까?

17과 취미

2. 취미 활동

MP3 / 42

• 학습 목표: 취미 활동을 설명하는 내용을 이해할 수 있다.

Ⅰ. 준비해 봅시다

1)과 2)에 있는 단어를 연결해서 문장을 만드십시오.

1)			
동전	당구	연극	피아노
게임	강아지	우표	볼링
낚시	드럼	만화책	화분

2)		
하다	치다	보다
키우다	모으다	

예) 저는 초등학교 때 우표를 모았어요.

Ⅱ. 들어 봅시다

1 이야기를 듣고 이 사람이 할 줄 아는 것에 모두 ✔하십시오.

❶ (　　　)

❷ (　　　)

❸ (　　　)

❹ (　　　)

❺ (　　　)

동전　당구　연극　피아노　강아지　우표　드럼　키우다　모으다　잡다

2 이야기를 듣고 거실에서 가족들과 관계있는 것을 찾아 연결하십시오.

나

[3-4] 대화를 듣고 질문에 답하십시오.

3 우진 씨와 에릭 씨가 할 줄 아는 것에 모두 ✔하십시오.

	우진	에릭
당구		
농구		
볼링		

4 맞으면 O, 틀리면 X 하십시오.

1) 에릭 씨는 미국에 있을 때 농구를 자주 했다. (   )

2) 두 사람은 오늘 퇴근 후에 당구를 치러 갈 것이다. (   )

[5-7] 대화를 듣고 질문에 답하십시오.

5 주앙이와 하늘이가 할 줄 아는 악기는 무엇입니까?

주앙	하늘

소파 책장 밴드 모습 악기

6 맞는 것을 고르십시오. (　　)

❶ 주앙이는 기분이 나쁠 때 드럼을 친다.

❷ 사진에 주앙이가 고등학교 때 드럼을 치던 모습이 있다.

❸ 주앙이는 고등학교 때 드럼을 쳤지만 지금은 잘 못 친다.

❹ 하늘이는 초등학교 때부터 지금까지 계속 피아노를 배운다.

7 맞으면 O, 틀리면 X 하십시오.

1) 하늘이는 초등학교 때 피아노를 아주 잘 쳤다. (　　)

2) 주앙이는 하늘이에게 드럼을 배울 것이다. (　　)

III. 읽어 봅시다

Q : 안녕하세요? 한국에서 한국어를 공부하고 있는 외국인 학생입니다. 아직 한국어를 잘 못하는데요, 한국어 공부에 도움이 되는 취미 활동이 있을까요? 유학생이라서 무료로 할 수 있으면 더 좋겠습니다.

A : 안녕하세요? 저는 한국에 온 지 5년쯤 된 사람인데요, 제가 처음 왔을 때 자주 하던 것들을 소개해 드리겠습니다. 한국어를 잘 못해도 조금만 할 줄 알면 쉽고 재미있게 할 수 있는 취미 활동들입니다.

1. 한국 친구와 펜팔

편지나 이메일로 하던 펜팔을 요즘에는 모바일 앱이나 에스엔에스(SNS)로 더 쉽고 편하게 할 수 있습니다. 펜팔을 하면 한국 친구를 사귈 수도 있고 한국어나 문화도 배울 수 있습니다.

2. 예쁜 글씨 쓰기

손으로 예쁜 글씨를 쓰는 것도 좋은 취미 활동이 될 수 있습니다. 글씨를 디자인하는 것이라서 한국어를 잘 할 줄 몰라도 괜찮습니다. 종이하고 연필만 있으면 할 수 있고 한국말을 많이 써서 한국어 공부에도 도움이 됩니다.

3. 블로그에 일기 쓰기

블로그를 만들 줄 아시지요? 그럼 한국어로도 블로그를 만들어 보십시오. 블로그에 한국 생활을 일기 같이 쓰면 한국어 공부에 많이 도움이 됩니다. 사진과 함께 올리면 나중에 고향에 돌아간 후에도 한국에서 즐겨 먹던 음식이나 자주 가던 곳을 기억할 수 있어서 좋을 겁니다.

펜팔　옛날

1 이 사람은 어떤 취미 활동을 찾고 있습니까?

__________ 고 __________ 는/은/ㄴ 취미 활동

2 맞지 않는 것을 고르십시오. (   )

❶ 옛날에는 편지나 이메일로 펜팔을 했다.
❷ 블로그에 일기를 쓸 때 사진을 같이 올리면 좋다.
❸ 예쁜 글씨 쓰기를 하려면 종이와 연필이 필요하다.
❹ 이 취미 활동들을 하려면 한국말을 잘 할 줄 알아야 한다.

3 맞으면 O, 틀리면 X 하십시오.

1) 예쁜 글씨 쓰기를 하면 한국 문화도 배울 수 있다. (   )
2) 블로그에 일기를 쓰면 한국 생활을 잘 기억할 수 있다. (   )

Ⅳ. 따라해 봅시다

<혀끝소리 1> /ㅅ/ /ㅆ/

사람 비싸서 쓰기

- 저 **사람은** 취미로 한국어를 배워요.
- 스키를 좋아하지만 **비싸서** 자주 못 타요.
- 글씨를 예쁘게 **쓰기** 위해서 연습하고 있어요.

Ⅴ. 정리해 봅시다

1. 고향에서/어렸을 때 즐기던 취미 활동은 무엇입니까?
2. 요즘은 어떤 취미 활동을 자주 합니까?
   또는 해 보고 싶은 취미 활동이 있습니까?

18과

계획

1. 방학 계획

MP3 / 43

• 학습 목표: 방학과 여행 계획을 세우는 내용을 이해할 수 있다.

Ⅰ. 준비해 봅시다

다음 그림에 맞게 보기에서 골라 순서대로 쓰십시오.

1) "여름 방학에 프랑스 여행을 가야겠다."

( )

2) "아르바이트를 해서 여행비부터 벌고 출발!"

( )

3) "7월 1일에 출발하는 비행기로 날짜를 바꾸고 싶은데요."

( )

4) "중요한 영어 시험이 있어서 여행을 못 가게 됐어요."

( )

보기

계획이 있다	계획을 세우다
계획을 취소하다	계획을 연기하다

Ⅱ. 들어 봅시다

1 문장을 듣고 알맞은 대답을 연결하십시오.

1) • • ① 전 친구들과 함께 가면 어디든지 좋아요.

2) • • ② 학생증이 있으면 누구든지 들어갈 수 있어요.

3) • • ③ 저는 언제든지 괜찮으니까 두 사람이 결정하세요.

4) • • ④ 여행비가 필요해서 무슨 일이든지 할 생각이에요.

벌다 취소하다 연기하다

2 대화를 듣고 우리 반 친구들의 방학 계획을 찾아 연결하십시오.

1) 유키 • 2) 리타오 • 3) 노라 • 4) 주앙 •

• ❶ 

• ❷ 

• ❸ 

• ❹ 

[3-4] 대화를 듣고 질문에 답하십시오.

3 에릭 씨의 휴가 계획은 무엇입니까?

____

4 맞으면 O, 틀리면 X 하십시오.

1) 에릭 씨는 올리비아 씨와 함께 휴가 계획을 세우고 있다. ( )

2) 에릭 씨는 미리 계획을 세우는 것이 좋다고 생각한다. ( )

[5-7] 대화를 듣고 질문에 답하십시오.

5 두 사람은 무슨 이야기를 하고 있습니까? ( )

❶ 여행에서 할 일 ❷ 여행 계획 세우기

❸ 여행 장소 고르기 ❹ 비행기와 호텔 결정하기

6 흐엉 씨와 주앙 씨하고 관계있는 내용을 연결하십시오.

1) 흐엉 •

2) 주앙 •

• ❶ 뭐든지 계획을 세우고 한다.

• ❷ 계획대로 안 되면 스트레스를 받는다.

• ❸ 계획 없이 하고 싶은 일을 하는 것을 좋아한다.

• ❹ 계획을 세우면 짧은 시간에 더 많은 일을 할 수 있다.

학원 낮 쌓다 케이티엑스(KTX) 순서대로 계획대로

7 계획을 세웠다가 꼭 하고 싶은 일이 생기면 어떻게 하면 됩니까? 흐엉 씨의 생각을 쓰십시오.

III. 읽어 봅시다

Q&A

제 목	올해 대학에 입학한 신입생입니다.

올해 대학에 입학한 신입생입니다.
첫 여름 방학이 되는데 뭘 해야 할지 모르겠습니다.
선배님들의 경험을 듣고 싶습니다.
긴 방학 기간 동안 제가 뭘 하면 좋을까요?

↳

선배1

저는 지금 생각해 보면 1학년 여름 방학을 참 계획 없이 보낸 것 같아요. 아무것도 안 하고 참 게을렀어요. 그러니까 방학이 끝나고 남는 것이 하나도 없던데요. 계획을 세워서 아르바이트를 하거나 운전 학원에서 운전을 배워 보는 게 어때요? 무슨 일이든지 계획을 세우고 중요한 일부터 해 보세요. 돈도 조금 벌어 보고 여러 가지 경험도 쌓아 보세요. 아마 기억에 남는 방학이 될 거예요.

↳

선배2

1학년 때는 바쁘지 않으니까 뭐든지 하고 싶은 것을 해 보는 게 어때요? 조금 더 지나면 방학 때 공부도 해야 하고 회사에 들어갈 준비도 해야 해서 방학이어도 쉴 시간이 하나도 없어요. 1학년 여름 방학이 제일 한가한 시간이니까 여행 계획을 세우거나 하고 싶었던 일에 도전해 보는 건 어때요?

게으르다　도전하다

1 이 글에서 이야기하고 있는 것은 무엇입니까? (　　)

① 여행 계획　　② 방학 계획

③ 계획을 세우는 방법　　④ 계획 세우기의 장점

2 선배1과 선배2의 생각과 관계있는 내용을 연결하십시오.

1) 
선배1 •

2) 
선배2 •

• ① 방학 때 가고 싶은 곳을 여행한다.

• ② 계획을 세우고 중요한 일부터 한다.

• ③ 돈을 벌어 보는 것도 좋은 경험이다.

• ④ 방학 때 여러 가지 경험을 쌓아 본다.

• ⑤ 1학년 방학이 제일 한가하니까 하고 싶은 일을 한다.

3 맞으면 O, 틀리면 X 하십시오.

1) 이 신입생은 방학 때 뭘 해야 할지 잘 모른다. (　　)

2) 1학년 여름 방학에는 무슨 일이든지 해서 돈을 벌어야 한다. (　　)

IV. 따라해 봅시다

<입술소리>　/ㅂ/　/ㅃ/　/ㅍ/　/ㅁ/

방학　빠르다　편하다　무슨

- **방학**에 부산에 갈까요?
- 케이티엑스(KTX)가 **빠르고 편하던데요.**
- **무슨** 일이든지 계획을 세우세요.

V. 정리해 봅시다

1. 여러분은 방학에 무슨 계획이 있습니까?
2. 여러분은 여행 갈 때 계획을 자세히 세웁니까? 세우지 않습니까?

18과 계획

2. 졸업 후의 계획

MP3 / 44

• 학습 목표: 졸업 후의 계획이나 미래의 결혼 계획에 대한 내용을 이해할 수 있다.

Ⅰ. 준비해 봅시다

보기 에서 알맞은 말을 골라 빈칸에 쓰십시오.

오늘 친구들과 졸업 후의 계획을 이야기했다. 어떤 친구는 대학원에 입학하고, 어떤 친구는 회사에 들어간다고 한다. 또 무엇을 해야 할지 아직 (   )지 못한 친구도 있고 벌써 혼자 (   )는 친구도 있다. 나는 미국에서 (   )은/ㄴ 후에 한국에 돌아와서 일을 하려고 한다. 다음 달에 (   )을/ㄹ 계획이다. 결혼은 한 10년 정도 후에 하고 싶다.

보기

결정하다　　유학하다　　출국하다　　사업을 하다

Ⅱ. 들어 봅시다

1 문장을 듣고 알맞은 대답을 연결하십시오.

1) •　　　• ❶ 이제 두 달밖에 안 남았어요.

2) •　　　• ❷ 자기 소개서밖에 준비 못 했어요.

3) •　　　• ❸ 저는 영어밖에 할 줄 아는 것이 없어요.

4) •　　　• ❹ 날마다 하는 일이니까 시간이 조금밖에 안 걸려요.

결정하다　유학하다　출국하다　사업을 하다　한　정도

2 대화를 듣고 맞는 그림에 ✔하십시오.

1)

❶ (　　)

❷ (　　)

2)

❶ (　　)

❷ (　　)

3)

❶ (　　)

❷ (　　)

4)

❶ (　　)

❷ (　　)

[3-4] 대화를 듣고 질문에 답하십시오.

3 우진 씨가 가장 먼저 할 일은 무엇입니까?

4 맞으면 O, 틀리면 X 하십시오.

1) 우진 씨는 결혼 준비가 빨리 끝날 거라고 생각했다. (　　)

2) 우진 씨는 친구의 결혼 준비를 도와줄 것이다. (　　)

[5-7] 대화를 듣고 질문에 답하십시오.

5 두 사람은 무슨 이야기를 하고 있습니까? (　　)

❶ 졸업 후 계획　　❷ 졸업식 때 할 일

❸ 유학 계획 세우기　　❹ 대학원 입학 계획

6 윤아 씨가 하고 싶어 하는 일은 무엇입니까? 모두 쓰십시오.

관계　걱정이 되다

7 맞으면 O, 틀리면 X 하십시오.

1) 존 씨는 1년 후에 졸업을 할 것이다. (　　)

2) 존 씨는 혼자 살아서 시간이 천천히 갔다고 생각한다. (　　)

Ⅲ. 읽어 봅시다

대학교 졸업까지 한 1년 정도 남았다. 그런데 나는 아직 미래에 무엇을 해야 할지 결정하지 못했다. 지금 하고 싶은 일이 많아서 뭐부터 해야 할지 아직 생각 중이다.

나는 경제학을 공부하고 있는데, 은행이나 증권사에서 일을 하면서 여러 가지 경험을 쌓고 돈도 많이 벌고 싶다. 돈을 모아서 휴가 때마다 여러 나라에 여행을 가는 것도 좋을 것 같다.

그런데 대학원에서 경제학을 더 자세히 공부하고 싶은 마음도 있다. 대학원에 들어가려면 전공 공부도 열심히 해야 하고 영어와 한국어도 더 잘해야 한다. 작년부터 매주 미국 친구와 언어 교환을 하고 있다. 두 가지 언어를 공부하는 것이 힘들 줄 알았는데 생각보다 재미있게 하고 있다.

마지막으로 나는 빵을 만드는 취미가 있는데 프랑스에 유학을 가서 빵 만드는 것을 배우고 싶은 꿈도 있다. 나중에 고향에 돌아가서 세상에서 제일 맛있는 빵을 파는 빵집을 열고 싶다.

하고 싶은 일이 너무 많아서 아직 뭐부터 해야 할지 결정하지 못했다. 앞으로 하나하나 계획을 세워서 해볼 생각이다.

증권사　매주

1 이 사람이 졸업한 후 하고 싶어 하는 일이 아닌 것은 무엇입니까? (   )

① 회사에서 일하기
② 대학원에서 공부하기
③ 유학 가서 경제학 공부하기
④ 프랑스에서 빵 만드는 것 배우기

2 이 사람은 고향에 돌아가서 무엇을 하고 싶어 합니까?

3 맞으면 O, 틀리면 X 하십시오.

1) 이 사람은 대학교에서 경제학을 공부하고 있다. (   )
2) 이 사람은 졸업 후에 제일 먼저 뭘 할지 결정하지 못했다. (   )

V. 따라해 봅시다

<받침소리 1> /ㅂ, ㅍ, ㅄ/ → [ㅂ]

사업 갚겠다 없다

- **사업** 설명회에 다녀왔어요.
- 다음 달까지 빌린 돈을 꼭 **갚겠다**.
- 이번 주말에 특별한 계획이 **없다**.

V. 정리해 봅시다

1. 여러분은 한국어 공부를 한 후에 무슨 계획이 있습니까?
2. 인생 계획을 세워 보십시오. 무슨 일을 하고 싶습니까?

복습

MP3 / 45

1 다음을 읽고 질문에 답하십시오.

레오의 한국 생활 (㉮)

1. 한국어 공부를 열심히!

한국 사람만큼 한국말을 잘할 수 있게 열심히 공부한다. 나중에 '레오의 프랑스 요리 교실'을 열어서 한국 사람에게 프랑스 요리를 가르치려면 한국말을 정말 잘할 줄 알아야 한다.

2. 요리 연습도 열심히!

프랑스 식당에서 맛있게 요리하던 방법을 잊어버리지 않게 열심히 연습한다. 그리고 한국 요리도 열심히 배우고 잘할 수 있게 연습한다. 프랑스 요리밖에 모르면 한국에서 성공할 수 없다!

3. 항상 가족과 함께하기!

사람들은 성공하면 가족도 모두 행복해지는 줄 안다. 하지만 나의 성공과 가족의 행복은 다른 것이다. 가족의 행복을 위해서 무슨 일이든지 가족과 함께하고 취미 생활도 함께 즐긴다.

힘들어도 이(㉮)은/는 꼭 지킨다~!!!

1) (㉮)에 알맞은 말을 고르십시오.

① 예약 ② 부탁 ③ 계획 ④ 주문

2) 맞는 것을 고르십시오. ( )

① 레오 씨는 프랑스에 있는 식당에서 한국 요리를 연습했다.
② 레오 씨는 프랑스 사람에게 한국 요리를 가르치고 싶어 한다.
③ 레오 씨는 레오 씨가 성공하면 가족도 행복하다고 생각한다.
④ 레오 씨는 뭐든지 가족과 함께 하는 것이 중요하다고 생각한다.

3) 맞으면 O, 틀리면 X 하십시오.

① 레오 씨는 '프랑스 요리 교실'을 열려고 한국말을 열심히 공부한다. ( )
② 레오 씨는 한국에서 성공하려면 프랑스 요리와 한국 요리를 모두 잘해야 한다고 생각한다. ( )

2 대화를 듣고 질문에 답하십시오.

1) **두 사람의 취미는 무엇입니까? 모두 쓰십시오.**

흐엉	유키

2) **맞지 않는 것을 고르십시오. (　　)**

❶ 흐엉 씨는 베트남 요리만 할 줄 안다.
❷ 유키 씨는 레오 씨가 한국 요리를 잘하는지 몰랐다.
❸ 레오 씨는 오후에 일하기 때문에 요리를 가르쳐 줄 수 없다.
❹ 레오 씨는 나중에 한국 사람들에게 요리를 가르쳐 주고 싶어 한다.

문화

한국의 흥행 영화

한국에서는 영화 관객이 1,000만 명을 넘으면 크게 흥행했다고 봅니다. 2017년까지 관객 수 1,000만 명이 넘은 영화는 총 15편입니다. 흥행에 성공한 영화는 역사적인 사건을 배경으로 한 영화가 가장 많습니다(명량, 암살, 태극기 휘날리며 등). 그리고 가족 간의 사랑(7번 방의 선물, 해운대 등)이나 사회적 문제(베테랑, 택시 운전사 등)를 다룬 영화도 많습니다.

1. **한국에서는 어떤 영화가 크게 흥행했습니까?**
2. **여러분 나라에서는 어떤 영화가 인기가 많습니까?**

성공하다　항상

19과

여행

1. 호텔 예약

MP3 / 46

• 학습 목표: 숙박 시설을 예약하고 묘사하는 내용을 이해할 수 있다.

Ⅰ. 준비해 봅시다

이야기를 읽고 표의 빈칸에 알맞은 단어를 보기에서 골라 쓰십시오.

다음 주에 친구와 부산에 가요. 금요일에 출발해서 일요일에 돌아올 거예요. 값도 비싸지 않고 주변 풍경도 좋은 호텔을 예약했어요. 부산까지 케이티엑스(KTX)를 타고 가려고 했는데 친구가 고속버스가 더 싸다고 해서 버스를 타고 갈 거예요.

1) ______ : 부산
2) ______ : 호텔
3) ______ : 2박 3일
4) ______ : 고속버스

보기

여행 기간 숙박 시설 여행지 교통편

Ⅱ. 들어 봅시다

1 동아리의 여름 여행 계획입니다. 대화를 듣고 빈칸에 알맞은 수를 쓰십시오.

1) 여행 기간: ____ 박 ____ 일
2) 가는 사람: ______ 명
3) 예약할 방: ______ 개
4) 회비: ______ 원

주변 여행지 여행 기간 -박 -일 숙박 시설 교통편 회비

2 이야기를 듣고 이 사람이 말한 여행 계획의 순서대로 번호를 쓰십시오.

① 여행지 결정하기　　② 교통편 알아보기
③ 숙박 시설 고르기　　④ 여행 기간 결정하기
⑤ 인터넷 글 읽어 보기

(　　) → (④) → (　　) → (　　) → (　　)

[3-4] 대화를 듣고 질문에 답하십시오.

3 윤아는 왜 펜션에 전화를 했습니까?

4 맞으면 O, 틀리면 X 하십시오.

1) 윤아는 이 펜션에서 1박 2일 숙박할 것이다.　(　　)
2) 윤아는 바비큐를 한 후에 수영을 할 것이다.　(　　)

[5-7] 대화를 듣고 질문에 답하십시오.

5 두 사람은 이 이야기를 하기 전에 무슨 이야기를 했을까요? (　　)

① 여행지　② 여행 일정　③ 여행 기간　④ 숙박 시설

6 두 사람은 어디에서 숙박하겠습니까? 왜 그렇게 결정했습니까?

바비큐　이용하다　전망　해변　요금　여행 일정

19-1

7 맞지 않는 것을 고르십시오. (　　)

① 하늘이가 갔던 호텔은 전망이 좋다.
② 호텔의 숙박 요금이 생각보다 비싸다.
③ 하늘이는 친구들과 이 여행지에 간 적이 있다.
④ 두 사람은 숙박 시설을 결정한 뒤에 교통편을 알아볼 것이다.

호텔스닷넷 (hotels.net)

특가 호텔　숙박 시설 추가　도움말　　예약 및 로그인　내 예약 정보

호텔 검색

제주도

체크인 20**/8/12　체크아웃 20**/8/13　1박

검색

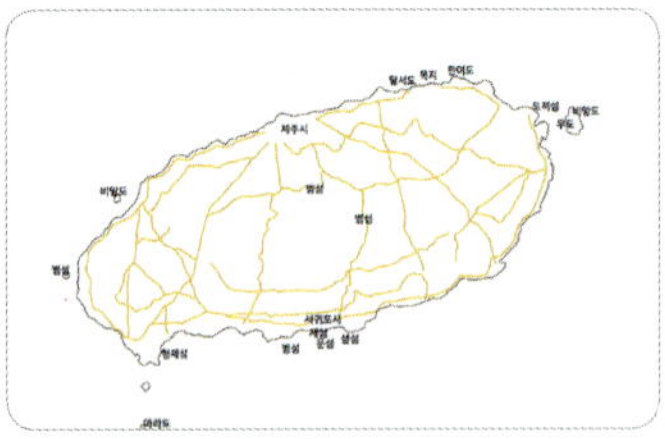

제주 Y호텔

가격 178,000원부터
체크인 시간 14:00~23:00
체크아웃 시간 11:00
인터넷 무료 wifi
식사 호텔 안에 식당이 3개, 커피숍이 1개 있습니다.
시설 수영장을 24시간 이용하실 수 있습니다. 회의실 사용을 미리 신청하시면 빌려 드립니다.
서비스 프런트에서 관광이나 렌터카 안내를 해 드립니다. 세탁과 무료 신문 서비스도 있습니다.

hotels.net 고객 이용 후기

rie_90
공항에서 호텔까지 찾아가기 좋았습니다. 호텔에서 관광지 어디든지 쉽게 갈 수 있었고요. 건물이 오래되어서 마음에 들지 않았지만 호텔 앞 해변이 너무 아름다워서 식사한 뒤에 자주 나가서 산책했습니다.

ys1223
아이와 함께 숙박하기 아주 좋은 곳입니다. 수영장이 커서 아이들이 아주 좋아했어요. 하지만 수영장 물이 너무 차가워서 그건 좀 별로였습니다.

jejusarang
렌터카를 빌리려고 했는데 직원분이 아주 친절하게 안내해 주셨습니다. 기념품을 살 수 있는 곳도 알려 주셨고요. 정말 감사합니다. 다음에도 Y호텔을 이용할 거예요.

다른 호텔을 보려면 **여기를** 클릭!

체크인　체크아웃　프런트　렌터카　기념품

1 이 글은 어디에서 볼 수 있습니까? (   )

❶ 여행 블로그 ❷ 호텔 홈페이지
❸ 여행사 홈페이지 ❹ 호텔 예약 사이트

2 맞는 것을 고르십시오. (   )

❶ Y호텔에는 여러 가지 서비스가 있다.
❷ Y호텔은 교통이 조금 불편한 곳에 있다.
❸ Y호텔의 프런트에서 기념품을 살 수 있다.
❹ Y호텔의 회의실은 언제든지 이용할 수 있다.

3 Y호텔의 안 좋은 점 두 가지를 찾아서 쓰십시오.

1)

2)

V. 따라해 봅시다

<받침소리 2> /ㄷ, ㅌ, ㅅ, ㅆ, ㅈ, ㅊ/ → [ㄷ]

닫지 [닫찌] 맡기고 [맏끼고] 옷 [옫]

준비했다 [준비핻따] 찾겠습니다 [찯껟씀니다] 몇 [멷]

- 숙박 시설은 휴일에 문을 **닫지** 않습니다.
- 호텔에 짐을 **맡기고** 시내를 구경한 후에 다시 **찾겠습니다.**
- 여행을 위해서 가방을 사고 **옷도 몇** 벌이나 **준비했다.**

V. 정리해 봅시다

1. 숙박 시설을 예약한 적이 있습니까? 어떻게 했습니까?
2. 숙박 시설을 결정할 때 가장 중요한 것이 무엇입니까?

19과 여행

2. 여행 가고 싶은 곳

MP3 / 47

• 학습 목표: 여행지에 대한 정보를 나누고 여행할 만할 곳을 추천하는 내용을 이해할 수 있다.

Ⅰ. 준비해 봅시다

문장을 읽고 알맞은 단어를 연결하십시오.

1) 다른 나라로 여행을 가려고 해요.	• •	❶ 수학여행
2) 학교 친구들과 같이 가서 수업 시간에 배운 유물을 볼 수 있어요.	• •	❷ 신혼여행
3) 신랑과 신부가 결혼식을 하고 갑니다.	• •	❸ 단체 관광
4) 여행 가이드가 있어서 편하지만 여러 명이 같이 다녀야 해요.	• •	❹ 해외여행

Ⅱ. 들어 봅시다

1 문장을 듣고 맞는 그림을 (가)와 (나)에서 하나씩 고르십시오.

1) (　　,　　)	2) (　　,　　)	3) (　　,　　)	4) (　　,　　)

(가)

❶

❷

❸

❹

(나)

❺

❻

❼

❽

수학여행　단체 관광　해외여행　유물　가이드

2 대화를 듣고 주앙 씨가 하기로 한 것에 ✔하십시오.

1)

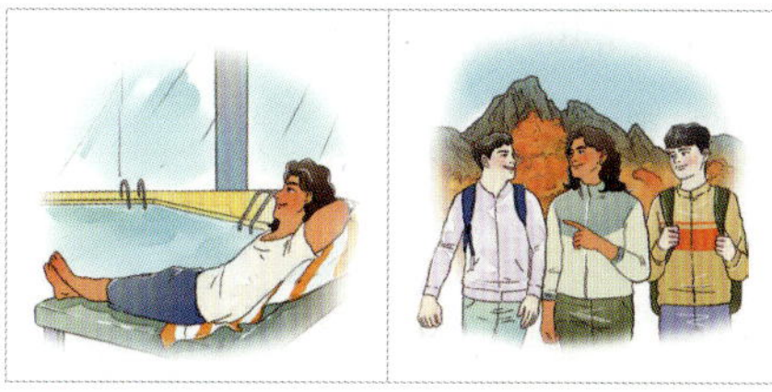

❶ (　　) ❷ (　　)

2)

❶ (　　) ❷ (　　)

3)

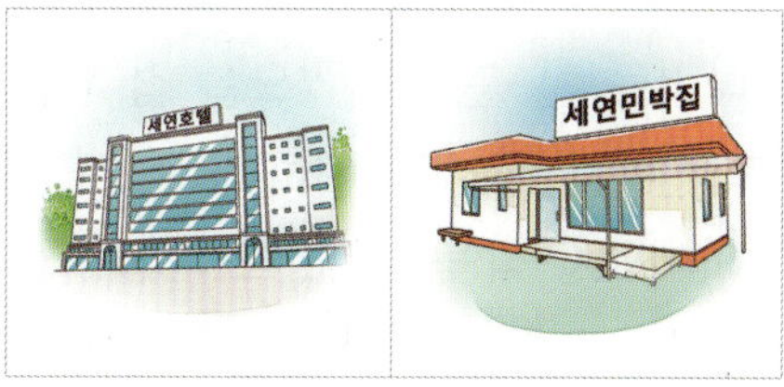

❶ (　　) ❷ (　　)

4)

❶ (　　) ❷ (　　)

[3-4] 대화를 듣고 질문에 답하십시오.

3 유키 씨가 호주에서 가지 않을 곳은 어디입니까? (　　)

❶ 오페라 하우스　❷ 박물관　❸ 미술관　❹ 국립 공원

4 맞으면 O, 틀리면 X 하십시오.

1) 유키는 시드니에 가서 바로 오페라 하우스를 구경할 것이다. (　　)

2) 국립 공원에서 바다를 볼 수 있기 때문에 사람들이 좋아한다. (　　)

[5-7] 대화를 듣고 질문에 답하십시오.

5 빈칸에 맞는 도시의 이름을 쓰십시오.

리타오 씨가 여행할 곳	
수학여행을 많이 가는 곳	

6 '한옥 마을'은 어떤 곳입니까?

__________________ 을/를 많이 볼 수 있는 곳

오페라 하우스　국립　전주　한옥 마을　볼거리　먹을거리

7 맞는 것을 고르십시오. (　　)

❶ 리타오 씨의 친구가 경주에 가자고 했다.
❷ 레오 씨는 전주에 가서 역사 공부를 했다.
❸ '한옥 마을'에서는 사진을 찍으면 안 된다.
❹ 리타오 씨는 수업이 끝나고 바로 친구를 만날 것이다.

Ⅲ. 읽어 봅시다

다음 달 연휴에 여행을 떠나기로 한 분들이 많으실 겁니다. 올해 달력을 보자마자 비행기 표를 예약하신 분들도 있을 거고요. 아직 계획을 세우지 못하신 분들도 너무 걱정하지 마세요. 아직 늦지 않았으니까 지금부터 알아보면 돼요. 오늘은 이번 연휴에 떠나기 좋은 해외 여행지 세 곳을 소개하겠습니다.

1. 홍콩

화려한 도시 여행을 좋아하는 분들은 홍콩에 가 보십시오. 볼거리가 많은 데다가 여러 가지 교통수단이 있어서 다니기가 매우 편합니다. 여러 종류의 음식을 맛볼 수 있고 쇼핑하기도 좋습니다. 특히 홍콩의 화려한 야경은 영화의 한 장면 같습니다.

2. 후쿠오카

가까운 곳으로 해외여행을 가려면 일본 후쿠오카가 좋습니다. 인천 공항에서 1시간 20분 정도밖에 안 걸려요. 한국인들이 많이 가는 관광지여서 여행하기도 편합니다. 후쿠오카 시 근처에는 온천이 있는 시골 마을이 많은데 맑은 공기와 아름다운 경치를 즐길 수 있으니까 꼭 가 보세요.

3. 발리

관광도 할 수 있고 편안하게 쉴 수 있는 곳을 원하세요? 그럼 발리가 어떻습니까? 발리의 옛날 문화를 볼 수 있는 관광지에 가도 되고 그냥 쉬면서 아무것도 안 해도 됩니다. 편하게 쉴 수 있는 호텔도 많고 바다에서 할 수 있는 스포츠도 많습니다.

교통수단　야경　마을　편안하다　항공권

1 이 글에 가장 잘 어울리는 제목을 고르십시오. (　　)

❶ 도시에서 즐기는 휴가!　❷ 이번 연휴는 해외에서!
❸ 아시아의 유적을 찾아서!　❹ 산과 바다를 즐기는 여행!

2 맞으면 O, 틀리면 X 하십시오.

1) 다음 달에 여행하기로 한 사람들 모두 연초에 항공권을 샀다. (　　)
2) 지금부터 계획을 세워도 여행을 갈 수 있을 것이다. (　　)

3 장소에 알맞은 문장을 연결하십시오.

1) 홍콩 •
2) 후쿠오카 •
3) 발리 •

• ❶ 한국에서 매우 가깝다.
• ❷ 옛날 문화를 볼 수 있다.
• ❸ 도시의 풍경이 화려하다.
• ❹ 음식이 여러 종류가 있다.
• ❺ 바다 스포츠를 즐길 수 있다.
• ❻ 근처에서 온천을 즐길 수 있다.

IV. 따라해 봅시다

<받침소리 3>　/ㅁ, ㄻ/ → [ㅁ]

음식 [음식]　그림 [그림]　젊고 [점꼬]

- 여행을 가서 여러 가지 **음식**을 먹었다.
- **그림**을 좋아해서 여행을 가면 항상 미술관을 찾는다.
- **젊고** 건강한 **사람**들도 그 산을 올라가기 **힘들어요.**

V. 정리해 봅시다

1. 지금까지 여행한 곳 중에서 어디가 제일 좋았습니까?
2. 친구에게 여러분이 가 본 여행지를 소개하십시오.

20과 날씨와 생활

1. 일기 예보

MP3 / 48

• 학습 목표: 일기 예보와 여러 날씨에 대한 내용을 이해할 수 있다.

Ⅰ. 준비해 봅시다

빈칸에 알맞은 단어를 보기에서 골라 쓰십시오.

뉴스를 보니까 내일부터 일주일 동안 태풍이 ______ 는다고/ㄴ다고/다고 해.
태풍 때문에 바람이 ______ 게 불고
비도 많이 내린다고 하는데 우리 약속을 좀 미룰까?
오후6:04

그래, 비가 내리면 날씨도 ______ 으니까/니까 비도 ______ 고 태풍이 지나간 다음에 만나자.
오후6:05

보기
오다
가다
강하다
약하다
습하다
개다
그치다
끼다

Ⅱ. 들어 봅시다

1 대화를 듣고 맞는 그림에 ✔하십시오.

1)

❶ (　　) ❷ (　　)

2)

❶ (　　) ❷ (　　)

3)

❶ (　　) ❷ (　　)

4)

❶ (　　) ❷ (　　)

태풍 강하다 습하다 개다 그치다 끼다 불다 목도리

2 대화를 듣고, 어떤 날씨를 이야기 하는지 고르십시오.

1) (　　)　　2) (　　)　　3) (　　)　　4) (　　)

①

②

③

④

[3-4] 대화를 듣고 질문에 답하십시오.

3 내일 날씨는 어떻습니까?

4 맞으면 O, 틀리면 X 하십시오.

1) 윤아 씨가 휴대 전화로 날씨를 찾아봤다. (　　)

2) 존 씨는 내일 친구들과 등산을 갈 것이다. (　　)

[5-7] 이야기를 듣고 질문에 답하십시오.

5 무엇에 대해서 이야기하고 있습니까? (　　)

① 계절 활동　② 주말 날씨　③ 주말 계획　④ 건강과 생활

6 맞지 않는 것을 고르십시오. (　　)

① 금요일에는 저녁에 비가 오겠다.
② 비가 온 후에는 기온이 내려가겠다.
③ 주말에는 하루 종일 날씨가 쌀쌀하다.
④ 주말에 겉옷을 준비해서 나가는 것이 좋다.

안개　비구름　기온　겉　나들이　차이

7 왜 감기를 조심해야 합니까?

III. 읽어 봅시다

기다리고 기다리던 설 연휴가 오늘부터 시작인데요. 이번 연휴 동안의 서울 날씨를 알려 드리겠습니다. 이번 설 연휴의 기온은 평년과 비슷하거나 조금 낮겠습니다.

연휴가 시작하는 첫날인 오늘 27일에는 북쪽에서 남쪽으로 비구름이 내려오면서 날씨가 춥고 눈이 내리기 시작하겠습니다. 눈은 1~3mm 정도 내릴 것으로 보입니다. 아침 최저 기온과 낮 최고 기온은 영하 3도, 영상 1도입니다.

내일 28일에는 기온이 조금 올라가서 눈이 비로 바뀌어 내리겠습니다. 비가 많이 내린다고 하니까 아침에 나가실 때 잊지 말고 우산을 가지고 나가셔야겠습니다. 비는 6mm 정도 내리겠습니다. 내일 아침 최저 기온과 낮 최고 기온은 0도, 영상 4도입니다.

연휴의 마지막 날인 29일에는 비가 그치고 기온이 많이 내려가겠습니다. 기온이 떨어지고 바람도 강하게 불기 때문에 외출하실 때 옷을 따뜻하게 입으셔야겠습니다. 모레 아침 최저 기온과 낮 최고 기온은 영하 4도, 영상 2도이지만 바람 때문에 더 춥겠습니다.

연휴 동안 눈과 비가 내리는 곳이 많으니까 그냥 나가지 마시고 일기 예보를 잘 확인하신 후에 외출하시는 것이 좋겠습니다. 모두 즐거운 연휴 보내십시오.

1 언제 어디의 날씨를 이야기하고 있습니까?

최고　최저　평년　영하　영상　도　일기 예보　외출하다

2 맞지 않는 것을 고르십시오. (　　)

❶ 오늘은 날씨가 춥고 눈이 내리겠다.
❷ 내일은 오늘보다 날씨가 더 춥겠다.
❸ 내일은 우산을 가지고 나가야 한다.
❹ 모레는 기온이 내려가고 바람도 많이 불겠다.

3 맞으면 O, 틀리면 X 하십시오.

1) 모레는 비가 많이 내리고 바람도 많이 불어서 더 춥겠다. (　　)
2) 눈과 비가 내리는 곳이 많으니까 날씨를 확인하고 외출하는 것이 좋다. (　　)

Ⅳ. 따라해 봅시다

<받침소리 4> /ㄱ, ㄲ, ㅋ, ㄺ / → [ㄱ]

국[국] 밖[박] 부엌[부억] 맑다[막따]

- 눈이 와서 교실 **밖** 풍경이 아름답다.
- 날씨가 더우니까 **부엌**에 있는 **국**도 냉장고에 넣어라.
- 오늘 날씨가 오랜만에 정말 **맑다**.

Ⅴ. 정리해 봅시다

1. 여러분은 어떤 날씨를 좋아합니까? 왜 그렇습니까?
2. 여러분은 일기 예보를 어디에서 확인합니까?

20과 날씨와 생활

2. 생활 속의 날씨

MP3 / 49

• 학습 목표: 날씨와 날씨에 따른 유의 사항을 전하는 내용을 이해할 수 있다.

Ⅰ. 준비해 봅시다

날씨와 관계있는 것을 연결하십시오.

1)  날씨가 맑다 •

2)  비가 내리다 •

3)  미세 먼지가 많다 •

4)  햇빛이 강하다 •

• ❶ 환기를 하다
• ❷ 외출을 하다
• ❸ 장화를 신다
• ❹ 비옷을 입다
• ❺ 마스크를 쓰다
• ❻ 선글라스를 쓰다
• ❼ 선크림을 바르다
• ❽ 운동을 실내에서 하다

Ⅱ. 들어 봅시다

1 대화를 듣고, 여자가 앞으로 할 일에 ✔하십시오.

1)  

❶ ( ) ❷ ( )

2)  

❶ ( ) ❷ ( )

3)  

❶ ( ) ❷ ( )

4)  

❶ ( ) ❷ ( )

미세 먼지 환기 마스크 장화 비옷 선글라스 선크림 실내 여의도 공원

2 이야기를 듣고 빈 칸에 알맞은 접속사를 보기에서 찾아 쓰십시오.

→ ❶ (   )

→ ❷ (   )

→ ❸ (   )

→ ❹ (   )

보기

그런데　　그래도　　그래서　　그리고　　하지만　　왜냐하면

[3-4] 라디오 방송을 듣고 질문에 답하십시오.

3 오늘 날씨는 어떻습니까?

4 맞으면 O, 틀리면 X 하십시오.

1) 이 방송은 아침에 하는 방송이다. (   )

2) 이 방송을 하고 있는 사람은 가수이다. (   )

[5-7] 대화를 듣고 질문에 답하십시오.

5 오늘 날씨로 맞지 않는 것을 고르십시오. (   )

❶ 바람이 좀 분다.　　❷ 아침부터 흐리다.

❸ 미세 먼지가 많다.　　❹ 오늘 오후에는 비가 올 것이다.

6 맞는 것을 고르십시오. (   )

❶ 두 사람은 같이 일기 예보를 봤다.

❷ 두 사람은 오늘 밖에 나가지 않을 것이다.

❸ 두 사람은 지금 사무실에서 이야기하고 있다.

❹ 미세 먼지가 많으면 실내에서도 마스크를 써야 한다.

불국사　석굴암　방송　짜증 나다　공기 청정기　창문

7 우진 씨와 에릭 씨는 무엇을 하겠습니까?

1) 우진 :

2) 에릭 :

III. 읽어 봅시다

올해 여름은 작년 여름보다 더 더울 테니까 건강 관리를 잘 하셔야 합니다. 그러면 어떻게 해야 건강하게 여름을 보낼 수 있는지 알려 드리겠습니다.

❶ 물 많이 마시기

여름철에는 보통 때보다 땀을 많이 흘리기 때문에 쉽게 피곤하고 힘들어집니다. 그래서 여름에는 목이 마를 때마다 물을 많이 드셔야 합니다. 과일이나 채소를 드시는 것도 건강에 좋습니다.

❷ 외출할 때 밝고 편한 옷 입기

밖에 나갈 때 어두운 옷이나 몸에 너무 붙는 옷을 입으면 땀이 더 많이 난다고 합니다. 그러니까 입고 벗기가 편한 밝은 색 옷을 입는 것이 좋습니다.

❸ 낮에 외출하지 않기

낮 12시부터 오후 5시까지는 가장 더운 시간입니다. 그래서 이 시간에는 밖으로 나가지 않고 실내에 있는 것이 좋습니다. 바깥에 나가야 할 때는 선크림을 잘 바르고 모자를 쓰는 것이 좋겠습니다.

❹ 음식 조심하기

더운 날씨에는 소화가 잘 안 되고 배탈이 나기 쉽기 때문에 찬 음식을 많이 먹으면 안 됩니다. 그리고 여름에는 음식을 냉장고에 잘 넣어야 합니다. 또 냉장고 안의 음식도 먹기 전에 잘 확인해 보는 것이 좋습니다. 국 같은 음식은 잘 끓여서 먹어야 합니다.

모두 건강한 여름을 보내시길 바랍니다.

땀　흘리다　목이 마르다　바깥

1 왜 이 글을 썼습니까? (　　)

❶ 건강하게 사는 방법을 알려 주려고
❷ 여름에 요리하는 방법을 알려 주려고
❸ 외출할 때 입기 좋은 옷을 알려 주려고
❹ 더운 여름을 잘 보내는 방법을 알려 주려고

2 맞지 않는 것을 고르십시오. (　　)

❶ 날씨가 더울 때에는 찬 음식을 많이 먹으면 안 좋다.
❷ 여름에 외출할 때는 몸에 맞는 어두운 색 옷을 입어야 한다.
❸ 여름에는 과일이나 채소를 많이 먹으면 건강에 도움이 된다.
❹ 점심부터 오후 5시 이전에는 외출을 많이 하지 않는 것이 좋다.

3 맞으면 O, 틀리면 X 하십시오.

1) 더울 때는 선크림만 잘 바르고 외출하면 된다. (　　)
2) 여름에는 국 같은 음식을 잘 끓여서 먹어야 한다. (　　)

V. 따라해 봅시다

<받침소리 5> / ㄴ, ㄵ, ㄶ / → [ㄴ], / ㄹ, ㄼ / → [ㄹ]

눈사람[눈싸람] 앉고[안꼬] 많이[마니] 날씨[날씨] 넓게[널께]

- 눈이 와서 **눈사람**을 만들었어요.
- **날씨**가 좋아서 바깥 자리에 **앉고** 싶어요.
- **많이** 더운 날에는 몸에 **넓게** 붉은 점이 생긴다.

V. 정리해 봅시다

1. 요즘 여러분 고향의 날씨가 어떻습니까? 지금 무엇을 하면 좋습니까?
2. 날씨가 더울 때나 추울 때 조심해야 하는 것들은 무엇입니까?

복습

MP3 / 50

1 대화를 듣고 질문에 답하십시오.

1) 윤아 씨의 여름 방학 계획입니다. 빈칸에 알맞은 단어를 쓰십시오.

여행 장소	같이 가는 사람	여행 기간

2) 윤아 씨가 여행 갈 곳에 대한 설명이 맞으면 ○, 틀리면 X 하십시오.

1. 여름에 날씨가 덥고 습하다. ( )
2. 저녁에 밖을 많이 다니는 건 좋지 않다. ( )
4. 에릭 씨는 낮에 쇼핑을 했다. ( )

2 다음 글을 읽고 질문에 답하십시오.

7월 12일 목요일 날씨 맑음

싱가포르 여행 2일째. 덥고 습하지만 생각한 것보다 심하지 않아서 편하게 여행하고 있다. 그렇지만 햇빛은 정말 강하다. 오늘 아침에 엄마와 나는 선크림을 두껍게 바른 뒤에 호텔에서 나갔다. 얼굴이 너무 하얘져서 서로의 얼굴을 보고 많이 웃었다. 그래도 그렇게 하길 잘한 것 같다. 동생은 선글라스가 없어서 오늘 백화점에 가자마자 샀다. 에릭 씨가 이야기해 준 곳이었는데 쇼핑하기가 편하고 맛있는 식당도 많아서 좋았다. 부모님께서 오늘 먹은 음식이 모두 입맛에 맞다고 하셨다. 여행 전에 알아본 식당이 다 성공이다!

쇼핑을 한 뒤에 '나이트 사파리'에 갔다. 우리 가족은 동물을 모두 좋아해서 여행 전부터 꼭 가기로 한 곳이었다. 밤이라서 좀 어두웠기 때문에 동물들 사진을 잘 찍을 수는 없었지만 아주 신기하고 재미있었다. 밤늦게 호텔로 돌아왔다. 호텔 방은 좀 작다. 예약 사이트에서 봤을 때는 방이 더 클 줄 알았는데.

내일도 날씨가 괜찮다고 하니까 즐겁게 다닐 수 있을 것이다. 내일은 쇼핑만 너무 많이 하지 말고 가족들과 사진도 찍고 이야기도 더 많이 해야겠다.

1) **이 사람은 오늘 어디에 갔습니까?**

2) **오늘 싱가포르의 날씨가 아닌 것을 고르십시오. (　　)**

❶ 습하다　❷ 흐리다　❸ 기온이 높다　❹ 햇빛이 강하다

3) **맞는 것을 고르십시오. (　　)**

❶ 엄마는 오늘 선크림과 선글라스를 샀다.

❷ 이 사람은 오늘 쇼핑을 많이 하지 않았다.

❸ 부모님은 오늘 음식을 모두 맛있어 하셨다.

❹ 나이트 사파리에서는 사진을 찍으면 안 된다.

문화

생활 지수

생활 지수란 날씨가 우리 생활에 미치는 영향의 정도를 숫자로 표현한 것입니다. 일기 예보와 함께 생활 지수를 보면 우리 생활이 더 편리해집니다. 불쾌지수, 자외선 지수, 식중독 지수, 세차 지수 등이 있습니다. 예를 들어, 불쾌지수는 기온과 습도에 따라서 사람의 기분이 좋고 나쁨을 말해 주는 것으로 기온이 높은 여름에 습도까지 높으면 불쾌지수가 높아서 짜증이 많이 나게 됩니다.

	지수				지수		
	모기 지수	60	새벽에 모기 조심하세요		나들이 지수	80	더워서 걱정이네요
	빨래 지수	90	빨래하기 아주 좋은 날씨		냉방 지수	60	적당한 냉방이 필요해요
	세차 지수	90	새롭게 단장해 보세요		운동 지수	90	컨디션이 좋습니다
	자외선 지수	60	오후에 주의하세요		불쾌지수	80	심한 농담을 삼가세요
	공해 지수	60	공기가 깨끗한 편이에요		부패 지수	40	냉장 보관이 안전해요

1. **생활 지수는 무엇을 표현한 것입니까?**
2. **여러분 나라에도 이런 지수가 있습니까?**

싱가포르　워터 파크　물놀이　서로　동물　동물원

부록

모범 답안
색인

모범 답안

10-1 친구에게 부탁하기

I. 준비해 봅시다.

1) 부탁이 있다　2) 부탁을 하다
3) 부탁을 받다　4) 부탁을 들어주다

II. 들어 봅시다.

1. 1) ④　2) ③　3) ②　4) ①
2. 1) ②　2) ②　3) ①　4) ①
3. 노트북
4. 1) ○　2) ×
5. ①, ②
6. ①
7. 1) ○　2) ○

III. 읽어 봅시다.

1. ③
2. 친구가 부탁을 들어주지 않을 것 같아서
3. 1) ×　2) ×

10-2 사무실에서 부탁하기

I. 준비해 봅시다.

1) 어　2) 음　3) 자　4) 저기

II. 들어 봅시다.

1. 1) ③　2) ④　3) ②　4) ①
2. (1), (3)
3. ②
4. 1) ×　2) ○
5. 아르바이트 신청 서류를 내려고
6. ③
7. 1) ○　2) ×

III. 읽어 봅시다.

1. 국립 중앙 박물관으로 가는 지하철 출구 번호
2. ②
3. 1) ×　2) ○

◆ 복습

1. 다음을 읽고 질문에 답하십시오.

1) ④
2) ④
3) ① ×　② ○

2. 대화를 듣고 대답하십시오.

1. ④
2. ① ○　② ×

11-1 대중교통

I. 준비해 봅시다.

1) ④　2) ③　3) ②　4) ①

II. 들어 봅시다.

1. 1) ①　2) ②　3) ②　4) ①
2. 1) ①　2) ②　3) ②　4) ①
3. ④
4. 1) ×　2) ○
5. 1) 경복궁역, 3호선　2) 472
6. 1) ×　2) ○
7. 시간이 더 오래 걸려서

III. 읽어 봅시다.

1. 다음 주 한국 문화 수업 장소 안내
2. ③
3. ④

11-2 길 안내

I. 준비해 봅시다.

1) ④　2) ①　3) ②　4) ③

II. 들어 봅시다.

1. 1) ①　2) ①　3) ①　4) ①
2. 1) ①　2) ②　3) ②　4) ②
3. ②
4. 1) ×　2) ○
5. 좌회전→직진
6. 차가 밀리지 않는 길을 잘 알려 줍니다.
7. ②

III. 읽어 봅시다.

1. ①
2. ④
3. 초대장, 신분증

12-1 수업과 시험

I. 준비해 봅시다.

마친다, 보기 때문에, 연습한다, 질문한다

II. 들어 봅시다 .

1. 1) ①　2) ③　3) ④　4) ②
2. 1) ①　2) ②　3) ①　4) ②
3. 밤마다 드라마와 영화를 보고 늦게 자서 /일찍 못 일어나서
4. 1) ×　2) ○
5. ③
6. ③
7.

날짜	시험 과목
목요일	말하기, 읽기
금요일	쓰기, 듣기

III. 읽어 봅시다.

1. 1) ①, ②　2) ③, ④
2. ②

3. 앞으로 수업도 열심히 듣고, 한국 친구도 많이 사귀면서 재미있게 지내고 싶어 합니다.

12-2 학교 프로그램

Ⅰ. 준비해 봅시다.

③→ ① → ④ → ②

Ⅱ. 들어 봅시다.

1. 1) ② 2) ① 3) ③ 4) ④
2. (① , ③)
3. ③
4. 1) ○ 2) ○
5. (② , ④)
6. ②
7.

수업 요일	수업 시간
월요일, 화요일, 목요일	6시 반부터 9시 5분까지

Ⅲ. 읽어 봅시다.

1. 1) 한국 요리 2) 언어 교환 3) 한국 영화
2. ①
3.

언제	수요일 오후 2시
어디	한국어학당 대강당

◆ 복습

1. 대화를 듣고 대답하십시오.

1) 주앙 씨의 시험이 끝났으면 만나려고
2) ③
3) ① 여러 번 쓴다. ② 보통 때 연습을 많이 한다.

2. 다음을 읽고 질문에 답하십시오.

1) ④
2) ① ○ ② × ③ ×

13-1 은행

Ⅰ. 준비해 봅시다.

①→ ④ → ③ → ② → ⑤

Ⅱ. 들어 봅시다.

1. 1) ① 2) ① 3) ② 4) ②
2. 1) ③ 2) ② 3) ① 4) ④
3. ③
4. 1) ○ 2) ○
5. (달러를) 환전하려고
6. ④
7. 천백 원(1,100원)

Ⅲ. 읽어 봅시다.

1. 인터넷 전문 은행
2. 1) ①, ②, ⑤
   2) ①, ③, ④
3. 1) ○ 2) ×

13-2 우체국

Ⅰ. 준비해 봅시다.

1) 택배 2) 김민수, 레오 마르땅 3) 03722
4) 받는 사람에게 직접 준다.

Ⅱ. 들어 봅시다.

1. 1) ② 2) ③ 3) ① 4) ④
2. 1) 길다 2) 무겁다 3) 크다 4) 높다
3.

무엇	어디
책	노르웨이

4. 1) ○ 2) ×
5. 택배
6. ②
7. 1) ○ 2) ×

Ⅲ. 읽어 봅시다.

1. ③
2. ③
3. 1) × 2) ○

14-1 휴대 전화

Ⅰ. 준비해 봅시다.

1) 통화하다 2) 계산하다 3) 녹음하다 4) 동영상을 보다

Ⅱ. 들어 봅시다.

1. 1) ③ 2) ① 3) ② 4) ④
2. (2), (3), (5)
3. 잘 지내냐고 물어보려고
4. 1) × 2) ○
5. ④
6. 인터넷 검색 기능, 사전 기능, 카메라 기능, 길 찾기 기능
7. 1) ○ 2) ×

Ⅲ. 읽어 봅시다.

1. ③
2. 글씨가 너무 작아서
3. 1) × 2) ×

14-2 메시지

Ⅰ. 준비해 봅시다.

1) 메시지를 보내다 2) 메시지가 오다
3) 메시지를 확인하다 4) 메모를 남기다

Ⅱ. 들어 봅시다.

1. 2), 3), 4), 5)
2. 1) ② 2) ① 3) ② 4) ①
3. 서울역 앞, 남산

4. 1) ○　2) ×
5. ④
6. 휴대 전화를 집에 놓고 나와서
7. 1) ×　2) ○

Ⅲ. 읽어 봅시다.
1. ④
2. 할아버지 생신 케이크
3. 1) ○　2) ×

◆ 복습
1. 다음을 읽고 질문에 답하십시오.
1) ②
2) ④
3) 은행, 택배

2. 대화를 듣고 대답하십시오.
1) ①→ ④ → ③ → ②
2) ②

15-1 식당 예약
Ⅰ. 준비해 봅시다.
예약을　날짜를　연락처를　예약석을

Ⅱ. 들어 봅시다.
1. 1) ①　2) ②　3) ②　4) ①
2. 달라고　달라고　주라고　주라고
3. 시간: 4월 2일 금요일 7시, 사람: 8명
4. 1) ×　2) ○
5. 인터넷으로 식당 예약하는 것을 도와 달라고 했습니다.
6. ② → ④ → ③ → ① → ⑤
7. ④

Ⅲ. 읽어 봅시다.
1. 고향에서 언니와 조카가 와서
2. 1) ①, ④　2) ②, ③
3. ①

15-2 배달 주문
Ⅰ. 준비해 봅시다.
배달 시켜서　배달해　주문할게　배달되면

Ⅱ. 들어 봅시다.
1. 1) ①　2) ①　3) ②　4) ①
2. ①, ③, ⑤
3. ③
4. 1) ○　2) ×
5. 주문한 음식을 받으러 갑니다.
6. ③
7. 치킨만 가지고 오고 음료수를 안 가지고 왔습니다.

Ⅲ. 읽어 봅시다.
1. ②
2. ③
3. 길다, 가깝다, 낮다, 음료수를

16-1 병원
Ⅰ. 준비해 봅시다.
1) 소화가 안 되다　2) 감기에 걸리다
3) 배탈이 나다　4) 변비가 있다

Ⅱ. 들어 봅시다.
1. 1) ①, ②　2) ①, ③　3) ②, ③　4) ①, ③
2. (②, ③)
3. 기침을 많이 하고 목도 부었습니다.
4. 1) ○　2) ○
5. ②
6. ④
7. 배를 따뜻하게 하고 푹 쉬어야 합니다.
약을 잘 먹어야 합니다.

Ⅲ. 읽어 봅시다.
1. 목이 더 아프고 열도 많이 나서 병원에 갔습니다.
2. ③
3. ①

16-2 약국
Ⅰ. 준비해 봅시다.
1) 소독약　2) 소화제　3) 두통약　4) 기침약

Ⅱ. 들어 봅시다.
1. 1) ②　2) ②　3) ①　4) ①
2. 1) ①　2) ④　3) ③　4) ②
3. ④
4. 1) ○　2) ×
5. 화장실에 3일 동안 못 가서 아랫배가 아픕니다.
6. ②
7. ④

Ⅲ. 읽어 봅시다.
1. 급할 때 필요한
2. ②
3. 1) ×　2) ○

◆ 복습
1. 대화를 듣고 대답하십시오.
1) ③
2) ④
3) 주차장이 좁은 데다가 근처 교통이 복잡해서

2. 다음을 읽고 질문에 답하십시오.
1) 화장실에도 여러 번 가고 속이 계속 불편해서/ 배탈이 나서
2) ②

17-1 취미 소개

Ⅰ. 준비해 봅시다.

1) ③ 2) ① 3) ④ 4) ②

Ⅱ. 들어 봅시다.

1. 1) ② 2) ① 3) ④ 4) ③
2.

노래	V
춤	V
한국말	
한국 영화	V

3.

에릭	흐엉
볼링	요리

4. 1) × 2) ×
5. 1) ① 2) ①, ②
6. ①
7. (1) × (2) ○

Ⅲ. 읽어 봅시다.

1. ① 음악 듣기 ② 게임 ③ 드라마 ④ 10%
2. ②
3. 1) × 2) ○

17-2 취미 활동

Ⅰ. 준비해 봅시다.

동전을 모으다, 당구를 치다, 연극을 보다/하다, 피아노를 치다, 게임을 하다, 강아지를 키우다, 우표를 모으다, 볼링을 치다, 낚시를 하다, 드럼을 치다, 만화책을 보다, 화분을 키우다

Ⅱ. 들어 봅시다.

1. 1) ①, ②, ③
2.

3.

	우진	에릭
당구	V	
야구	V	V
볼링	V	V

4. 1) ○ 2) ×
5.

주앙	하늘
드럼	피아노

6. ②
7. 1) × 2) ×

Ⅲ. 읽어 봅시다.

1. 한국어 공부에 도움이 되고 무료인
2. ④
3. 1) × 2) ○

18-1 방학 계획

Ⅰ. 준비해 봅시다.

1) 계획이 있다 2) 계획을 세우다 3) 계획을 연기하다
4) 계획을 취소하다

Ⅱ. 들어 봅시다.

1. 1) ③ 2) ① 3) ④ 4) ②
2. 1) ④ 2) ② 3) ① 4) ③
3. 경주 여행
4. 1) × 2) ○
5. ②
6. 1) ①, ④ 2) ②, ③
7. 계획을 바꾸면 된다.

Ⅲ. 읽어 봅시다.

1. ②
2. 1) ②, ③, ④ 2) ①, ⑤
3. 1) ○ 2) ×

18-2 졸업 후의 계획

Ⅰ. 준비해 봅시다.

결정하지, 사업을 하는, 유학한, 출국할

Ⅱ. 들어 봅시다.

1. 1) ③ 2) ② 3) ① 4) ④
2. 1) ② 2) ② 3) ① 4) ②
3. 계획표를 만든다.
4. 1) ○ 2) ×
5. ①
6. 유학, 대학원 입학, 회사에서 일하기
7. 1) ○ 2) ×

Ⅲ. 읽어 봅시다.

1. ③
2. 세상에서 제일 맛있는 빵을 파는 빵집을 열고 싶어 합니다.
3. 1) ○ 2) ○

◆ 복습

1. 다음을 읽고 질문에 답하십시오.
1) ③
2) ④
3) ① ○ ② ○

2. 대화를 듣고 대답하십시오.
1)

흐엉	유키
영화, 요리	요리

2) ③

19-1 호텔 예약

Ⅰ. 준비해 봅시다.
1) 여행지 2) 숙박 시설 3) 여행 기간 4) 교통편

Ⅱ. 들어 봅시다.
1. 1) 1박 2일 2) 20명 3) 5개 4) 5만원
2. ① → ④ → ⑤ → ③ → ②
3. 예약이 잘 되었는지 확인하려고
4. 1) ○ 2) ×
5. ③
6. 게스트 하우스, 값도 싸고 여행을 온 다른 사람들도 사귈 수 있어서
7. ③

Ⅲ. 읽어 봅시다.
1. ④
2. ①
3. 1) 건물이 오래되었다.
2) 수영장 물이 너무 차갑다.

19-2 여행 가고 싶은 곳

Ⅰ. 준비해 봅시다.
1) ④ 2) ① 3) ② 4) ③

Ⅱ. 들어 봅시다.
1. 1) ③, ⑥ 2) ①, ⑧ 3) ②, ⑤ 4) ④, ⑦
2. 1) ② 2) ① 3) ② 4) ①
3. ②
4. 1) ○ 2) ×
5. 전주, 경주
6. 한국의 옛날 집을
7. ④

Ⅲ. 읽어 봅시다.
1. ②
2. 1) × 2) ○
3. 1) ③, ④ 2) ①, ⑥ 3) ②, ⑤

20-1 일기 예보

Ⅰ. 준비해 봅시다.
온다고, 강하게, 습하니까, 그치고

Ⅱ. 들어 봅시다.
1. 1) ① 2) ② 3) ① 4) ①
2. 1) ③ 2) ④ 3) ② 4) ①
3. 눈이 많이 옵니다.
4. 1) ○ 2) ×
5. ②
6. ③
7. 아침과 낮의 기온 차이가 커서

Ⅲ. 읽어 봅시다.
1. 설 연휴 때의 서울 날씨를 이야기하고 있습니다.
2. ②
3. 1) × 2) ○

20-2 날씨와 생활

Ⅰ. 준비해 봅시다.
1) ①, ② 2) ③, ④, ⑧ 3) ⑤, ⑧ 4) ⑥, ⑦, ⑧

Ⅱ. 들어 봅시다.
1. 1) ② 2) ① 3) ② 4) ①
2. 1) 그런데 2) 하지만 3) 그래서 4) 그리고
3. 첫눈이 내리고 있습니다.
4. 1) ○ 2) ×
5. ④
6. ③
7. 1) 공기 청정기를 켠다.
2) 창문을 잘 닫았는지 확인한다.

Ⅲ. 읽어 봅시다.
1. ④
2. ②
3. 1) × 2) ○

◆ 복습

1. 대화를 듣고 대답하십시오.
1)

여행 장소	같이 가는 사람	여행 기간
싱가포르	가족	3박 4일

2) ① O ② X ③ X

2. 다음을 읽고 질문에 답하십시오.
1) 백화점, 나이트 사파리
2) ②
3) ③

색인

어휘 색인

이미지 출처: 국립중앙박물관, 서울도서관, youtube

English Version

새 연세한국어 듣기와 읽기 2-2

별책부록

NEW YONSEI KOREAN Listening and Reading

연세대학교 한국어학당 편

연세대학교 출판문화원

Foreword

The Yonsei University Korean Language Institute ("Yonsei KLI") was established in 1959 as the first institute to provide Korean language courses. Yonsei KLI has published numerous Korean language teaching textbooks and conducted various studies on Korean language pedagogy commensurate with its long history and prestigious reputation as the world's leading Korean language institute. Yonsei KLI has imparted language skills and knowledge of Korea's rich cultural heritage to over 140,000 students from 147 countries. More recently, the institute has extended the learning environment beyond physical classrooms to the online space through the creation of MOOCs(Massive Open Online Course), which have received deep appreciation from those who wish to learn the Korean language but are unable to attend Yonsei KLI in person. To keep pace with the rapidly evolving educational environment, Yonsei KLI continues to relentlessly pursue various endeavors to update and develop new methods of and materials for teaching the Korean language.

Yonsei KLI has offered various regular, short-term, and the university Korean courses for those who are studying the Korean language for both general and special purposes. The institute has been deeply committed to developing teaching materials of the highest quality that cater to learners' needs. The textbooks created and published by Yonsei KLI have been satisfying the diverse needs of Korean language instructors and learners around the world to provide excellent teaching and learning experiences.

Yonsei KLI is now proud to present the "New Yonsei Korean" textbook series which follows in the steps of the "Yonsei Korean 1–6" series, the all-time favorite textbook series for learning the Korean language. Many scholars and instructors with years of hands-on Korean language teaching experience have been involved, and great deals of time and effort have been dedicated in its development. Their understanding of the best teaching practices and the needs of learners are incorporated into this new series.

The recently published "New Yonsei Korean" textbook series is comprised of six levels of vocabulary and grammar, speaking and writing, and listening and reading textbooks. "New Yonsei Korean Vocabulary and Grammar" textbook helps the Korean learners at each level in building and utilizing the key vocabulary words and grammatical concepts. "New Yonsei Korean Speaking and Writing" textbook focuses on speaking and writing exercises that enable learners to familiarize themselves with expressions that are essential for communication in Korean. "New Yonsei Korean Listening and Reading" textbook fosters 2 the comprehension skills appropriate for each level of the Korean language through listening and reading exercises. The three textbooks in each series can be used together as a package to help learners acquire balanced Korean language proficiency or may be used separately depending on the educational environment or individual learners' needs. Furthermore, an additional guidebook for the vocabulary and grammar textbook was provided to assist teachers with relatively less experiences.

Yonsei KLI will continue to dedicate time and energy to developing textbooks and teaching materials that can satisfy the needs and meet the expectations of Korean language learners around the world. Yonsei KLI hopes that this newly released textbook series will be of great help to numerous instructors both inside and outside of Korea doing their utmost to offer top-notch Korean language education and to all of the learners around the world striving to learn the Korean language.

The Yonsei University Institute of Language Research and Education

The Yonsei Korean Language Institute Textbook Compilation Committee

Introduction

1 This book, together with "New Yonsei Korean Language Vocabulary & Grammar 2" and "New Yonsei Korean Language Speaking & Writing 2" is for beginner-level Korean language learners.

2 This book focuses on developing students' comprehension so that beginner-level Korean language learners can understand what they have heard and read in Korean.

3 This consists of 20 lessons and each lesson is made up of two sections, totaling 40 sections in all. For every two lessons, there is a separate review section, and there are a total of 10 review sections in the book. Each section consists of enough material for a 50-minute class, and the entire book contains 50 sections total. Every review section also contains a segment that introduces Korean culture.

4 Each section of the book consists of a title, learning objectives, and a five-stage process, which includes a "Let's Prepare" segment, "Let's Listen" segment, "Let's Read" segment, "Let's Repeat" segment, and a "Let's Organize" segment.

5 Though the title of each lesson in this book is the same as the lesson titles of "New Yonsei Korean Language Vocabulary & Grammar 2," the title of the section is a sentence from the contents of the section that best represent the lesson. In addition, a QR code is included next to each title so that learners can easily listen to the audio.

6 The learning objectives are expressed in "can understand –" and "can understand ~ -related materials" format to clearly state the comprehension function of the lesson.

7 The "Let's Prepare" segment is an introduction to the section and is a preparatory stage that helps learners understand the reading and listening contents of the unit. It consists of the study of necessary vocabulary related to the lesson content of the unit. However, it is not just a simple lesson on vocabulary; the vocabulary list consists of words that are actually used in the sentence or within the context of the dialogue so that learners can further their understanding of the words that are being used.

8 "Let's Listen" is formatted so that learners can improve their real-life communication skills by learning colloquial expressions. The listening passages begin with simple sentences, then conversations, and then formal discourse and ranges from short to long and easy to difficult passages.

9 "Let's Read" focuses on improving the communication skills of beginner-level Korean language learners in their usage of literary expressions in every-day situations. Students will read various forms of writings (memos, journals, emails, advertisements, invitations, blogs, internet forums, etc.) that they may come across in real-life situations and work on exercises to comprehend the contents of what they have read.

10 "Let's Repeat" seeks to help learners with their pronunciation. Vocabulary words from the listening or reading passages that include a phoneme change or have a high error rate have been selected per unit and are listed together with other words that follow the same pronunciation rules. The segment also includes sentences that include those specific vocabulary words.

11 "Let's Organize" is a segment that helps learners confirm and examine what they have learned and aims to strengthen students' linguistic ability through an integrated learning method that incorporates other learning skills. This segment includes exercises where learners can integrate the contents of the listening and reading lessons with speaking and writing activities.

12 "Review" is comprised of a reading and listening passage where learners can utilize the vocabulary, grammar, and contents of what they have learned in the preceding two lessons. Learners can focus on either listening or reading using what they have learned from each section and use an integrated learning method to connect the other remaining skill through these exercises.

13 "Culture" is contained in the final portion of the Review Section as a cultural text and illustration. Cultural contents that are appropriate for comprehension purposes are selected and included to introduce contents about Korean culture.

14 The Appendix includes an answer key and a list of vocabulary words and a separate booklet includes a translation of the reading passages, as well as listening passage transcripts and translations.

Contents Map

Chapter	Title	Lesson objective	Expression	Culture (review unit)
Unit 11 Transportation	<1> Public Transportation	To understand the content of explanations of how to use public transportation	-다가 으로[3]	Using the Library
	<2> Directions	To understand the content of driving directions in a taxi or driving directions while driving	-으려면[1] 으로 해서	
Unit 12 School Life	<1> Classes and Exams	To understand the content of explanations about classes and exams	-어야 -으면 되다	
	<2> School Programs	To understand the content of inquiries in the office about school life.	-는데요 -거나	
Unit 13 Public Facilities	<1> Bank	To understand the content related to using the bank	부터 -는 동안	Automatic Bill Payment Machine
	<2> Post Office	To understand the content related to using the post office	-을 건가요? 이나[2]	
Unit 14 Telephone	<1> Cell Phone	To understand the content of the explanation of the different functions of a cell phone	-는다고 하다 -냐고 하다	
	<2> Messages	To understand the content of messages or memos	-자고 하다 -으라고 하다	
Unit 15 Reservations and Orders	<1> Restaurant Reservations	To understand the different ways to make reservations at a restaurant	-어 달라고(주라고) 하다 이라서	Medicine You Can Buy at the Convenience Store
	<2> Ordering for Delivery	To understand the content of ordering food for delivery and confirming the order	만 -었던	

Chapter	Title	Lesson objective	Expression	Culture (review unit)
Unit 16 Health	<1> Hospital	To understand the explanations of sicknesses given to friends or doctors	-는 데다가 ㅅ동사	Medicine You Can Buy at the Conve-nience Store
	<2> Pharmacy	To understand the explanations of different kinds of medicine and their effects	이라도 -지 않으면 안 되다	
Unit 17 Hobbies	<1> Introducing My Hobby	To understand the introductions of various hobbies	만큼 -어도	Korea's Blockbuster Movies
	<2> Hobby Activities	To understand the explanations of hobby activities	-을 줄 알다(모르다) -던	
Unit 18 Plans	<1> Vacation Plans	To understand the content of making vacation and travel plans	-던데요 이든지	
	<2> Plans After Graduation	To understand the content of plans after graduation or future marriage plans	밖에 -을 줄 알았다	
Unit 19 Travel	<1> Hotel Reservations	To understand the content and description of reservations for accommodations.	이나[3] -은 뒤에	Life Index
	<2> Places You Want to Travel To	To understand the content of sharing travel destinations and recommendations of good places to go	-기로 하다 -자마자	
Unit 20 Weather and Lifestyle	<1> Weather Forecast	To understand a weather forecast and content about different kinds of weather	-는다고 하니까 -지 말고	
	<2> Weather in Your Life	To understand the weather and any special situations to note about the weather	접속사 -을 테니까	

Contents

Unit 10

<1> Asking a favor to your friend

Lesson objective: to understand the content when asking and receiving a personal favor.

Vocabulary

부탁을 하다 to ask a favor or make a request
부탁이 있다 to have a request
부탁을 받다 be asked a favor or receive a request
부탁을 들어주다 to do a favor or fulfill a request
입국 entry into a country or immigration
고장 나다 to break
그대로 as it is
문화 culture
설명 explanation
사이 between
서비스 센터 service center
동양 Oriental
적다 to write
걱정하다 to worry

- **Let's listen**

1.

(1) 나 부탁이 있어. 이 문법을 잘 모르겠는데 좀 가르쳐 줄래?
I have a request. I don't understand this grammar. Can you teach me?

(2) 부탁 좀 해도 될까? 빨리 서류를 끝내야 하는데 시간이 없네. 좀 도와줄래?
May I ask a favor? I need to hurry and finish these documents but I don't have time. Can you help me?

(3) 너무 말을 빨리 해서 못 들었어요. 천천히 말해 줄래요?
I couldn't hear you because you were talking too fast. Can you speak slowly, please?

(4) 입국 날짜를 안 쓰셨어요. 날짜 좀 써 주실래요?
You didn't write the date you entered the country. Can you write the date, please?

2.

(1) 가: 좀 추운데 에어컨을 잠깐 껐다가 켜도 될까?
A: I'm feeling a little cold so can I turn off the air condition for a while and then turn it back on?
나: 그래, 다른 친구들도 추워하는 것 같아.
B: Sure, I think others are feeling cold as well.

(2) 가: 다리가 좀 아픈데 10분만 쉬었다가 갈래?
A: My legs hurt a little so do you want to rest for about ten minutes and then go?
나: 비가 올 것 같으니까 빨리 가자.
B: I think it's going to rain so let's go in a hurry.

(3) 가: 여보세요. 주앙아, 나 유키야. 나 급한 일이 생겨서 고향에 갔다가 올 건데 선생님께 말씀드려 줄래?
A: Hello? Juang, it's me, Yuki. Something came up all of a sudden so I have to go to my hometown and return. Can you please tell the teacher for me?
나: 그래 내가 잘 말씀 드릴게.
B: Yes, I'll be sure to let her know.

(4) 가: 교실 공기가 좀 나쁘네. 창문 좀 열었다가 닫아도 될까?
A: The air in the classroom is quite bad. May I open the window for a while and then close it?
나: 응. 그렇게 해.
B: Yes, go ahead and do that.

3~4.

에릭: 우진 씨, 부탁이 있는데 내일 노트북 좀 빌려줄래요? 회의할 때 써야 해서요.
Eric: Woojin, I have a request. May I borrow your notebook? I need it for a meeting.
우진: 에릭 씨도 노트북이 있는데 왜요? 고장 났어요?
Woojin: Don't you have a notebook, Eric? Is it broken?
에릭: 잘 모르겠어요. 노트북이 좀 이상해서 서비스 센터에 갔다가 왔는데 그대로네요. 직원이 설명을 해줬는데 한국말로 빨리 말해서 이해하지 못했어요.
Eric: I'm not sure. I felt something wrong with the notebook so I took it to the service center but it's just the same. The worker explained it to me but I couldn't understand because he was speaking so fast in Korean.
우진: 그래요. 잘 쓰고 천천히 주세요.
Woojin: Okay, then. Use it well and take your time to return it.

5~7.

존: 윤아야, 미안한테 내 부탁 좀 들어줄래?
John: Yuna, I'm sorry but can you do me a favor?
윤아: 존, 무슨 부탁이야? 어려운 부탁이 아니면 들어줄게.
Yuna: John, what's your request? I'll do it for you if it's not too hard.
존: 지난번 동양문화사 수업 때 교수님 말씀도 빠르고 칠판에 수업 내용을 썼다가 빨리 지우셔서 적지 못했어. 너무 어려워서 이해하지도 못했고. 시간 있으면 설명 좀 해 줄 수 있어? 공책도 빌려줬으면 좋겠다.
John: During the last Oriental Cultural History Class, the professor spoke so fast and quickly erased what he wrote on the board that I couldn't write it down. It was so difficult that I couldn't understand at all. Can you explain it to me if you have time? And I'd like it if I could borrow your notes as well.
윤아: 어떻게 하지? 나 그날 친한 친구가 고향에 돌아가는 날이어서 공항에 다녀왔어.
Yuna: Oh no! My close friend was leaving for her hometown that day so I went to the airport and came back.
존: 그래서 그날 내가 널 찾아봤는데 없었구나. 그럼 하늘이한테 한번 물어봐야겠다.
John: That's why you weren't there when I was looking for you on that day. Then I'll try asking Haneul.
윤아: 그게 좋겠다. 부탁을 들어주지 못해서 미안해.
Yuna: That would be good. I'm sorry I couldn't fulfill your request.

- **Let's read**

Have you ever made a request to a friend? Have you ever received a request from a friend? What do you say during those times?
What do you do when you are sitting in your seat and you want to change seats with someone because you feel cold because of the air conditioner? "I'm sorry but do you think I can switch seats with you? It's because I'm feeling cold." "I have a favor to ask but can you do it? Can we switch seats?"
Although saying the words may be easy, it's very difficult to ask for favors from close friends. If you made the request and your friend didn't do it, you might feel bad. People do not make sincere requests and only worry because they think their friends won't do what they ask.
If you make your request with a good explanation, good friends will do what you asked. And when the person receiving the request cannot do what you asked because the situation is difficult, don't be troubled with the answer of 'no.' If your friend doesn't fulfill your request, don't feel so bad. Don't consider it difficult asking for favors between friends.

<2> Making a request at the office

Lesson objective: to understand the content of a request made to strangers or at public institutions.

Vocabulary

실례하다 excuse me　　저기 excuse me
음 um　　어 uh
자 okay　　저 well
아 ah　　체크 카드 debit card
신분증 identification card
글쎄요 well, let me see
연장하다 to extend or prolong
출입국 관리 사무소 Immigration Office
서류 document
재학 증명서 certificate of student registration
뵙다 to meet (used when meeting people above you)
퇴근하다 to leave one's office or get off from work
신청 registration　　지나가다 to go past
음성 안내기 voice guide

- **Let's listen**

1.

(1) 저, 실례합니다만 이 선생님 좀 바꿔 주시겠어요?
Um, excuse me but may I speak to the teacher?

(2) 미안합니다만 그날 다른 약속이 있어서요.
I'm sorry but I have another appointment on that day.

(3) 저기, 죄송합니다만 관리비를 어떻게 내는지 좀 알려 주시겠어요?
Excuse me but can you tell me how I should pay for the maintenance fees?

(4) 감사합니다만 다음 역에서 내립니다.
Thank you but I'm getting off at the next station.

2.

가: 저, 유키 씨, 은행이 어디에 있는지 알아요?
A: Excuse me, Yuki, but do you know where the bank is?

나: 학생회관 안에 있어요.
B: It's inside the Student Hall.

가: 아, 그렇군요. 체크 카드를 만들려고 하는데 뭐가 필요한지 알아요?
A: Oh, I see. I'm planning on making a debit card but do you know what I need?

나: 신분증이 필요해요.
B: You need your identification card.

가: 그럼 체크 카드를 만들 때 시간이 얼마나 걸리는지 알아요?
A: Do you know how long it takes to make a debit card?

나: 글쎄요, 저도 안 만들어 봐서 잘 모르겠어요. 은행 직원에게 한번 물어 보세요.
B: Well, I'm not sure because I haven't made one before. Try asking the bank clerk.

가: 그런데 은행이 몇 시에 문을 닫는지 알아요?
A: But do you know what time the bank closes?

나: 음, 요즘 몇 시에 문을 닫는지 잘 모르겠네요.
B: Um, I'm not sure what time the bank closes these days.

3~4.

리타오: 저, 실례합니다만 비자를 연장하려고 하는데 출입국관리사무소가 어디에 있는지 아세요?
Letao: Um, excuse me. I'm trying to extend my visa but do you know where the immigration office is?

사무실 직원: 지하철 5호선 오목교역에서 내려서 한 20분쯤 걸어가면 됩니다. 지도를 보고 찾아가세요. 인터넷으로 예약하면 금방 끝나니까 미리 예약하세요. 필요한 서류는 모두 준비하셨습니까?
Office worker: You get off at Omokgyo Station from the Subway Line 5 and walk about 20 minutes. Find your way by looking at the map. You can be done quickly if you make your appointment through the internet. Have you prepared all the necessary documents?

리타오: 아, 재학 증명서가 없는데 한 장 부탁드립니다. 제 이름은 리타오입니다.
Letao: Oh, I don't have my certificate of student registration so may I have one, please? My name is Letao.

사무실 직원: 네, 잠시만 기다리세요.
Office worker: Yes, please wait a minute.

5~7.

노라: 저기, 최 과장님을 뵈러 왔는데 자리가 어디인지 아세요? 어제 과장님과 전화한 학생입니다. 아르바이트 때문에 오늘 만날 약속을 했습니다.
Nora: Excuse me. I've come to see Mr. Choi, the head of the department. Do you know where his desk is? I'm the student who spoke to him on the phone yesterday. We made an appointment today because of a part-time job.

사무실 직원: 최 과장님은 오늘 다른 회사에서 회의가 있어서 나가셨는데 거기에서 바로 퇴근하실 거예요.
Office worker: Mr. Choi had a meeting with another company today so he left the office. He will be getting off work directly from that place.

노라: 아, 제가 너무 늦게 왔군요. 그럼 죄송합니다만 이 아르바이트 신청 서류 좀 과장님께 전해 주실 수 있으세요? 제가 내일은 수업 때문에 다시 올 수 없을 것 같아서요.
Nora: Oh, I see that I've come too late. I'm sorry, but could you please give this part-time job application to Mr. Choi for me? I don't think I can come again because I have class tomorrow.

사무실 직원: 네, 서류는 저한테 주십시오. 여기에 성함과 전화번호를 남겨 주시겠어요?
Office worker: Yes, you can give me your application. Can you leave your name and phone number over here?

노라: 여기 있습니다. 좀 부탁드리겠습니다.
Nora: Here it is. I'll just ask you for this favor.

- **Let's read**

I returned from visiting the National Museum of Korea for the first time since I came to Korea. I got off at Ichon Station of the Subway Line 4 but didn't know where to exit so I asked a man passing by for directions.
"Um, excuse me. I'm trying to go to the National Museum but do you know which exit I must take to get there?" The man kindly taught me where to go so I was able to easily find it. I went into the National Museum for free without paying any money. I wanted to listen carefully to the explanations while touring the museum so I went to borrow a foreign language voice guide.
"Excuse me, but I'd like to borrow an English voice guide. What should I do?"
"You can borrow one if you hand in your ID card and 3,000 won."
I slowly walked around the museum while listening to the explanations through the voice guide so it was easy to understand and really fun. Yuki is really interested in Korean history so I think I'll go again with her. The next time I visit the museum, I want to sign up for a tour guide so I can listen to the explanations in person and tour the museum.

Unit 9 - Unit 10 Review

Unit 9 – Unit 10 Vocabulary

내다 to turn in	역시 also
순서 order	끝내다 to end or finish

I. Read the following and answer the questions.

November 5 Tuesday, clear skies
Something came up suddenly at my newspaper company so I have to go on a business trip to Japan starting tomorrow for four days. But I have a presentation at school in two days.
So when my director told me about the business trip I made my request.
"Um, Director, I'm sorry, but will it be okay if someone else goes?"
My director did not grant my request.
"Yuki, I know it's difficult for you but you must be the one to go on this trip this time."
I'm not sure what I need to do at times like this.
Should I change the date for the school presentation? If I turn in a document about my business trip to my teacher, will she change my presentation date? Will it be okay to change dates with a friend? Will I have to take Level 2 again if I can't do my presentation?
It really is difficult having a job and studying at the same time.

II. Listen to the dialogue and answer the questions.

유키: 저기… 노라야, 부탁이 있는데 들어줄 수 있니?
Yuki: Excuse me, Nora. Would you do me a favor?

노라: 어… 유키 언니, 부탁이 뭐예요?
Nora: Um, Yuki, what's the favor?

유키: 우리 신문사에 급한 일이 생겨서 사흘 동안 출장을 가게 됐어. 이틀 후가 내 발표 날인데 발표 순서 좀 바꿔 줄래?
Yuki: Something came up all of a sudden at my newspaper company and I have to go on a business trip for four days. My presentation is in two days but can I switch the presentation order with you?

노라: 글쎄요, 이틀 후면 너무 빠르네요.
Nora: Well, let's see. It's a bit too early if it's in two days.

유키: 갑자기 이런 부탁을 해서 정말 미안하다.
Yuki: I'm really sorry to ask you this all of a sudden.

노라 : 음, 알겠어요. 어쩔 수 없죠 뭐.
Nora: Um, alright. I guess there's nothing we can do about it.

유키: 정말 고마워. 출장 갔다가 와서 네가 보고 싶어한 영화 보여 줄게. 이번 주 토요일 저녁에 시간 있니? 그날 영화 보자.
Yuki: Thanks so much. I'll take you out for any movie you wanted to watch when I come back from my trip. Do you have time this Saturday evening? Let's watch a movie on that day.

노라: 토요일 저녁이요? 네, 좋아요.
Nora: Saturday evening? Okay, sounds good.

유키: 진짜 고맙다. 토요일 저녁에 다른 약속하지 마라. 그날 보자.
Yuki: Thank you so much. Don't make any other plans on Saturday evening. I'll see you then.

Korean Culture: Popular Locations for Meeting Appointments

Where are the popular places for making an appointment to meet people in Seoul? The five most popular places searched on the internet to make appointments to meet people are Hongdae, Gangnam station, Apgujeong, Garosugil, and Itaewon. Among these places, Hongdae is number one and many young people go there because of the good restaurants, cafes with a nice atmosphere, stylish clothes stores, fun clubs and bars, and various street performances like busking. You get a more elegant atmosphere in places like Gangnam station, Apgujeong, and Garosugil. Itaewon is the place you can experience the various cultures of different countries.

Unit 11

<1> Public Transportation

Lesson objective: to understand the content of explanations of how to use public transportation.

Vocabulary

하차 getting off
벨 bell
누르다 to press or push
노선도 route map
단말기 card reader
교통 카드 transportation card
대다 to put or apply
특실 first class
당산역 Dangsan station
을지로 3가역 Euljiro 3(sam)-ga station
전동차 electric train
승강장 platform
열차 train
압구정역 Apgujeong station
팬 fan
사인회 autograph convention
안내 guidance or information
박물관 museum
서울 역사 박물관 Seoul Museum of History
경복궁 Gyeongbok Palace
충정로역 Chunjeong-ro Station
매표소 ticket office
신청하다 to register or apply

• Let's listen

1.

(1) 똑바로 가다가 사거리에서 오른쪽으로 가세요.
Go straight and then take a right at the intersection.

(2) 지하철에서 책을 읽다가 잤어요.
I fell asleep in the subway while reading a book.

(3) 버스 노선도를 보다가 전화를 받았어요.
I was looking at the bus route map and then answered the phone.

(4) 지하철역으로 걸어가다가 친구를 만났어요.
I met my friend while walking to the subway station.

2.

(1) 가: 특실로 드릴까요? 일반실로 드릴까요?
A: Do you want it in first class? Or do you want it in economy class?
나: 특실로 할게요.
B: I'll take the first class.

(2) 가: 교통 카드로 계산하시겠습니까?
A: Do you want to pay for it with your transportation card?
나: 아니요, 현금으로 할게요.
B: No, I'll use cash.

(3) 가: 신촌에서 김포 공항까지 지하철로 어떻게 가요?
A: How do I get from Sinchon to the Gimpo Airport by subway?
나: 2호선을 타고 가다가 당산역에서 9호선으로 갈아타고 김포 공항역 에서 내리세요.
B: Take Line 2 and transfer to Line 9 at Dangsan station. Then get off at the Gimpo Airport Station.

(4) 가: 저, 표를 잘못 샀는데 내일 오후 10시 표로 좀 바꿀 수 있나요?
A: Excuse me, I bought the wrong ticket. Can I exchange this for a 10 PM ticket for tomorrow night?
나: 네, 손님. 오전 10시에서 오후 10시 표로 바꿔 드리겠습니다.
B: Yes, sir. I'll change your 10 AM ticket to the 10 PM ticket.

3~4.

이번 역은 을지로 3가, 을지로 3가역입니다. 내리실 문은 왼쪽입니다. 신촌이나 잠실 방면으로 가실 손님은 이번 역에서 2호선으로 갈아타시기 바랍니다. 이 역은 타는 곳과 전동차 사이의 거리가 넓습니다. 내리고 타실 때에 조심하시기 바랍니다.
This station is Euljiro 3(sam)-ga. This is Euljiro 3(sam)-ga Station. Please exit on the left. For passengers going in the direction of Sinchon or Jamsil, please get off here and transfer to Line 2. The distance between the electric train and platform where you get on is wide. Please watch your step when you get on and off the train.

5~7.

존: 윤아야, 내일 압구정에 가야 하는데 어떻게 가는지 알아?
John: Yuna, I have to go to Apgujeong tomorrow but do you know how to get there?

윤아: 응. 지하철로 갈 수도 있고 버스도 있을 거야. 근데 존, 압구정에 뭐 하러 가?
Yuna: Yes, you can take the subway and there should also be a bus. But John, why are you going to Apgujeong?

존: 내가 좋아하는 배우가 거기에서 팬사인회를 해서 가려고. 선물은 이 초콜릿으로 할 거야. 괜찮겠지?
John: I'm going because there is an autograph convention for the fans of an actor that I like. I'm going to take this chocolate as a gift. Isn't it nice?

윤아: 응. 좋다. 그럼 가는 방법을 인터넷에서 좀 찾아보자. 음, 학교에서 버스를 타고 가다가 경복궁역에서 지하철 3호선으로 갈아타고 압구정 역까지 갈 수 있어.
Yuna: Oh, it's good. Try looking up the way to get there on the internet. Um, you can take a bus at school and transfer to the subway Line 3 at Gyeongbokgung Station until you get to Apgujeong Station.

존: 갈아타지 않고 한 번에 가는 방법은 없을까?
John: Is there no way to get there without transferring?

윤아: 학교 근처 병원 앞 버스 정류장에서 472번 버스를 타면 한 번에 가는데 시간이 더 오래 걸리네.
Yuna: You can get there on one bus if you take Bus 472 at the bus stop in front of the hospital near the school but it will take a long time.

존: 그럼 지하철로 가야겠다.
John: Then I'd better take the subway.

- **Let's read**

This is information about the location for the Korean Culture Class that will take place next week. We will have the class at the Seoul Museum of History in the morning and then go to the Gyeongbok Palace in the afternoon. It will not be hard to find the museum because it is nearby the school. Please carefully read the directions for how to get there and please do not be late but arrive at 10 AM next Friday. And don't forget to bring your transportation card!

Seoul Museum of History
Departing from Sinchon Station: Take Line 2 at Sinchon Station and transfer to Line 5 at Chungjeong-ro Station. Take exit 7 at Gwanghwamun Station and walk about 500 meters.
Departing from school: Take Bus 470 or 710 at the bus stop in front of school and get off at the bus stop in front of the Seoul Museum of History.
It is about a 15 minute walk from the museum to Gyeongbok Palace. On the way to the Palace, go into the Korean restaurant on the left side and eat your lunch there. The menu is bulgogi or bibimbap. Let's meet at the ticket office of the Gyeongbok Palace at 2 o'clock. .
For students not registering for the class at the museum in the morning, come directly to the Gyeongbok Palace from school. Take Bus 272, 601, or 606 at the bus stop in front of school and get off at Gyeongbok Palace.

<2> Directions

Lesson objective: to understand the content of driving directions in a taxi or driving directions while driving.

Vocabulary

우회전 right turn
유턴 U-turn
주차 parking
직진 straight ahead
반대 opposite
돌리다 to turn around
세우다 to stop
체육관 gym
밀리다 to be backed up
퇴근 leave one's office or get off of work
제시간 on time
그냥 just
좌회전 left turn
내비게이션 navigation
기억에 남다 to remain in one's memory
건너편 opposite side
톨게이트 tollgate
주차료 parking fee

- **Let's listen**

1.

(1) 기숙사 안으로 해서 식당까지 갈 수 있습니다.
You can go into the dormitory up to the restaurant.

(2) 학생회관 1층 입구로 해서 가면 은행을 쉽게 찾을 수 있어요.
You can easily find the bank if you go through the entrance of the 1st floor of the Student Hall.

(3) 도서관 뒤로 해서 체육관으로 가면 빠릅니다.
It is faster to get to the gym if you go behind the library.

(4) 병원으로 해서 학교 안으로 들어오는 차들이 많습니다.
There are many cars that come into the school by way of the hospital.

2.

(1) 가: 교통 카드는 어디에서 팔아요?
A: Where do they sell transportation cards?
나: 교통 카드를 사려면 편의점에 가세요.
B: Go to the convenience store if you want to buy a transportation card.

(2) 가: 4호선으로 갈아타려고 해요.
A: I am going to transfer to Line 4.
나: 4호선으로 갈아타려면 이쪽으로 똑바로 가세요.
B: Go straight this way if you want to transfer to Line 4.

(3) 가: 버스에서 내리고 싶으면 어떻게 해요?
A: What must I do if I want to get off the bus?
나: 버스에서 내리려면 벨을 누르세요.
B: Press the bell if you want to get off the bus.

(4) 가: 어디에서 택시를 탈 수 있나요?
A: Where can I get on a taxi?
나: 택시를 타려면 길을 건너야 합니다.
B: You have to cross the street to take a taxi.

3~4.

여자: 차가 많이 밀리네요.
Woman: There is a lot of traffic.
기사: 낮에는 밀리지 않는 길인데 퇴근 시간이어서 복잡해요.
Driver: There is no traffic on this street in the daytime but it's congested because it's rush hour.
여자: 제시간에 도착하려면 그냥 빨리 내려야겠어요. 저기 사거리에서 우회전 하신 후에 세워 주세요.
Woman: I just have to get off quickly to get there on time. Please stop the taxi after making a right turn at that intersection over there.
기사: 네, 그럼 저 횡단보도 지나서 바로 세워 드리겠습니다.
Driver: Okay, I'll stop the car right after crossing that crosswalk.

5~7.

내비*: "500m 앞에서 좌회전입니다."
Navi: "Take a left turn in 500 meters."
에릭: 좌회전? 우진 씨, 왼쪽으로 가면 종로 아니에요?
Eric: A left turn? Woojin, if we go left, isn't it Jongno?
우진: 맞아요, 에릭 씨. 내비게이션이 종로로 해서 가는 길로 안내하네요. 저는 서울역으로 해서 가려고 했는데...
Woojin: You're right, Eric. The navigation is giving us the direction by way of Jongno. I was about to go by way of Seoul Station.
내비*: "잠시 후 좌회전입니다. 다음 안내까지 직진입니다."
Navi: "Please take a left turn soon. Go straight until the next direction."
에릭: 이렇게 오니까 길이 복잡하지 않고 좋은데요. 우진 씨는 운전할 때 항상 내비게이션을 이용하세요?
Eric: Coming this way isn't as congested but nice. Woojin, do you always use a navigation service when you drive?
우진: 자주 그렇게 하지요. 빨리 가려면 차가 밀리지 않는 길로 해서 가야 하는데 내비게이션이 그런 길을 잘 알려 주니까요. 오늘도 생각보다 일찍 회사에 도착하겠어요.
Woojin: I usually do. It's because when I have to get somewhere quickly, the navigation device does a good job in guiding me to the places without so much traffic. I think we'll arrive at the office earlier than expected today, too.
에릭: 그럼 사무실에 도착해서 커피 한 잔 합시다.
Eric: Then let's get some coffee after we get to the office.

- **Let's read**

Title: We invite you to the Lake Music Festival!
받는 사람: 정하늘hnjeong@yonsei.com
Receiver: Haneul Jung hnjeong@yonsei.com

We are sending you an invitation to the Lake Music Festival that you have signed up for last time. Listen to music at the lake where cool winds blow on a beautiful autumn evening! It shall be a memorable night.
We will give you a ticket at the park entrance if you show this invitation card and your ID. Hurry if you want to get a good seat!
Time: Saturday, September 20 at 6PM
Place: Lake Park in Inju City
Directions
1) Express Bus
Get off at Inju Express Bus Terminal. Get on Bus 35 or 73 at the bus stop across the street. Get off at the Lake Park bus stop (20 minutes)
If you take a taxi at the terminal, it will take about five minutes.
2) By car
Go to the Expressway Inju Tollgate and go 2km on Bukinjugil. Go straight after the Inju intersection and then make a U-turn. The entrance is on the right. Parking is free for three hours.

Unit 12

<1> Classes and Exams

Lesson objective: to understand the content of explanations about classes and exams.

Vocabulary

끝나다 to finish　　마치다 to finish
기억하다 to remember　　연습하다 to practice
질문하다 to ask a question
대답하다 to reply or answer
버튼 button　　시험장 examination hall
학생증 student ID　　점 point

문장 sentence
지각하다 to be tardy or late
천천히 slowly 중간시험 midterm
마다 each

• Let's listen

1.

(1) 가: 숙제를 언제까지 내야 해요?
A: Until when must we turn in our homework?
나: 이번 주 금요일까지 내면 돼요.
B: You just need to turn it in by this Friday.

(2) 가: 교실 안이 너무 더워서 공부를 할 수 없어요. 에어컨을 어떻게 켜요?
A: I can't study because it's too hot in the classroom. How do I turn on the air conditioner?
나: 여기 이 버튼을 누르면 돼요.
B: You just need to press this button over here.

(3) 가: 시험을 잘 보고 싶은데 어떻게 해야 해요?
A: I want to do well on the test but what should I do?
나: 날마다 숙제를 열심히 하면 돼요.
B: You just need to diligently do your homework every day.

(4) 가: 오늘 배운 것이 너무 어려워서 혼자 공부하기가 힘들어요.
A: It's hard to study on my own because what we learned today was so hard.
나: 저랑 같이 공부하면 되니까 걱정하지 마세요.
B: You can study with me so don't worry.

2.

(1) 가: 내일 시험 보는 곳에 몇 시까지 가야 해요?
A: What time must we get to the place where we take the exam tomorrow?
나: 시험장에 8시 반까지 도착해야 시험을 볼 수 있어요.
B: You must arrive at the examination hall by 8:30 in order to take the exam.

(2) 가: 여기 커피숍은 좀 시끄러우니까 도서관에 가서 공부하자.
A: This coffee shop is a bit noisy so let's study at the library.
나: 학생증이 있어야 도서관에 들어갈 수 있는데 학생증을 안 가지고 왔어.
B: I need a student ID to get into the library but I didn't bring mine.

(3) 가: 시험에서 몇 점을 받아야 3급에 갈 수 있어요?
A: What score must I get on the exam in order for me to go to Level 3?
나: 60점 이상을 받아야 3급에 갈 수 있어요.
B: You must get over a 60 for you to go to Level 3.

(4) 가: 자꾸 배운 단어를 잊어버려서 걱정이야.
A: I'm worried because I keep forgetting the words I learned.
나: 단어가 들어간 문장을 연습해야 잊어버리지 않을 거야.
B: You have to practice the sentences that contain the words so you won't forget them.

3~4.

선생님: 리타오 씨! 10분만 일찍 학교에 오면 되는데 왜 이렇게 자주 늦어요?
Teacher: Letao! You just need to arrive at school ten minutes earlier but why are you late so often?
리타오: 요즘 밤마다 드라마와 영화를 보고 늦게 자서 아침에 일찍 일어나는 것이 힘들어요.
Letao: I have a hard time waking up early in the morning because I sleep so late after watching dramas and movies every night.
선생님: 일찍 자야 학교에 일찍 올 수 있어요. 다음부터는 지각하지 마세요.
Teacher: You need to sleep early in order to get to school early. Don't be late next time.
리타오: 네. 죄송합니다. 앞으로는 9시까지 꼭 올게요.
Letao: Yes, I'm sorry. I'll come by 9 o'clock from now on.

5~7.

마리아: 유키 씨! 중간시험 날짜가 언제예요? 지난 주에 학교에 안 와서 선 생님이 이야기 하신 것을 못 들었어요.
Maria: Yuki! What is date for the midterm? I didn't come to school last week so I couldn't hear what the teacher said.
유키: 시험은 다음 주 목요일과 금요일이에요. 목요일에는 말하기와 읽기 시험이 있고, 금요일에는 쓰기와 듣기 시험이 있어요.
Yuki: The test is next Thursday and Friday. The speaking and reading test is on Thursday and the writing and listening test is on Friday.
마리아: 그럼 빨리 시험 공부를 시작해야겠네요. 그런데 어떻게 해야 시험을 잘 볼 수 있을까요?
Maria: Then I'd better get started on studying for the exams. But how can I do well on the exams?
유키: 수업 시간에 배운 걸 열심히 복습하면 돼요. 그리고 그 동안 숙제한 것도 한 번 다시 보고요.
Yuki: You just need to diligently review what you learned in class. And then you should look over the homework you've done once more.
마리아: 열심히 복습을 하고 있지만 좀 걱정이 돼요.
Maria: I am working hard at reviewing but I'm still a bit worried.
유키: 마리아 씨! 그럼 우리 같이 학교 도서관에서 공부할까요? 같이 공부 하면 서로 모르는 것을 가르쳐 줄 수 있을 거예요.
Yuki: Maria! Then should we study together at the school library? If we study together, we can teach each other the things we don't know.

- **Let's read**

I am a new student at a Korean university this time. It hasn't been long since I came to Korea so I'm still not used to living here. College life is a bit difficult because I don't have that many Korean friends and there are so many things I don't know. I'm taking four classes this semester and the most difficult one is the writing class. Because I don't know Korean that well, I have to take this class so I can register for classes in my major next semester. There is only one exam for this class but it's a bit hard because I have to turn in homework every week.
The class that is the most fun for me is the Korean Culture Class. I really like taking this class because I'm very interested in Korean culture. I enjoy it a lot because I can learn about Korean culture while watching Korean movies and dramas. The classes are not boring but really fun so I look forward to the class every week.
A friend who is also taking this class introduced me to the Korean cooking club. I'm thinking about joining this club because if I become a part of it, I can make Korean friends and try to cook Korean food.

<2> School Programs

Lesson objective: to understand the content of inquiries in the office about school life.

Vocabulary

등록하다 to register　　신청서 registration form
신청 기간 registration period
신청 결과 registration result
확인하다 to confirm　　등록금 registration fee
홈페이지 homepage
등록취소 cancellation of registration
휴학하다 to take time off from school
언어 교환 language exchange
외국어 foreign language
정확하다 to be correct or exact
오리엔테이션 orientation　모든 all
편 counting word for movies, poems, or musicals
관심이 있다 to have an interest

- **Let's listen**

1.

(1) 가: 어디에 가는 중이에요?
A: Where are you going?
나: 지금 학교 사무실에 가는 중인데요.
B: I'm on my way to the school office right now.

(2) 가: 강민지 씨 계십니까?
A: Is Minji Kang there?
나: 네, 바로 전데요. 누구세요?
B: Yes, this is she. Who is this?

(3) 가: 한국어학당 대강당이 어디예요?
A: Where is the auditorium of the Korean Language Institute?
나: 1층에 있는데요. 저기 계단으로 내려가시면 돼요.
B: It's on the first floor. You can take the stairs over there to go down.

(4) 가: 여기에서 한국 요리 배우기를 신청할 수 있어요?
A: May I register to learn Korean cooking here?
나: 그건 한국어학당 홈페이지에서 해야 하는데요.
B: You need to do that through the Korean Language Institute homepage.

2.

한국어학당에 등록하려면 사무실에 신청서를 내거나 인터넷으로 신청해야 합니다. 신청을 한 후에 등록금은 은행에 내야 합니다. 등록금을 낸 후에 일이 생겨서 휴학을 하고 싶거나 등록을 취소하고 싶을 때는 반드시 사무실로 와야 합니다. 이메일이나 전화로는 취소할 수 없습니다. 한국 요리를 배우거나 언어교환을 하고 싶은 학생들은 한국어학당 홈페이지를 보면 됩니다.

If you want to register for the Korean Language Institute, you must turn in your registration form at the office or register through the internet. After registering, you must pay your registration fees at the bank. If you want to take a temporary absence from school because something came up or you need to cancel your registration after you have paid the fees, you must come into the office. You cannot cancel your registration through email or by phone. Students who want to learn Korean cooking or register a language exchange program may go to the Korean Language Institute homepage.

3~4.(telephone)

직원: 여보세요. 연세대학교 한국어학당입니다.
Worker: Hello. This is the Yonsei Korean Language Institute.

학생: 안녕하세요. 제 외국인 친구가 한국어학당에 다니고 싶어 하는데요. 한국말을 잘 못 해서요. 등록 설명을 외국어로 듣고 싶은데 어떻게 해 야 하나요?
Student: Hello. My foreigner friend wants to attend the Korean Language Institute. He cannot speak Korean well. He would like to listen to registration information in a foreign language but what should we do?

직원: 저희 사무실로 전화를 하시거나 홈페이지에 있는 주소로 이메일을 보내 주시면 직원이 외국어로 친절하게 설명해 드립니다.
Worker: You can call the office or send an email to the address on the homepage and a staff worker will kindly explain things in a foreign language.

학생: 네 알겠습니다. 감사합니다.
Student: Okay, I got it. Thank you.

5~7.
직원: 네, 뭘 도와드릴까요?
Worker: Hello, how may I help you?

학생: 제가 이번에 아르바이트를 시작해서 오전에 수업을 들을 수 없을 것 같은데요. 휴학을 신청하거나 저녁 수업으로 바꾸려면 어떻게 해야 해요?
Student: I started a part-time job so I don't think I can take the morning class. What must I do if I want to apply for a temporary absence from school or if I want to change to an evening class?

직원: 전화나 인터넷 신청은 안 되고 직접 사무실로 오셔야 합니다. 둘 다 학기가 시작하기 전에 사무실로 오셔서 신청하셔야 합니다.
Worker: You won't be able to register by phone or through the internet. You have to visit the office in person. You need to register at the office for both of those things before the semester starts.

학생: 오전 수업과 저녁 수업은 학기가 시작하는 날짜가 같은가요?
Student: Are the starting dates for the morning class and evening class the same?

직원: 아니요, 저녁 수업은 학기가 시작하는 날짜와 끝나는 날짜가 오전 수업과 달라요. 정확한 수업 날짜와 시간을 잘 확인하시고 결정하세요.
Worker: No, the days that the semester begins and ends are different for the evening and morning classes. Carefully confirm the exact dates and times for the classes and then make your decision.

학생: 그럼 저녁 수업의 시간과 요일을 좀 가르쳐 주세요.
Student: Then please tell me the time and days of the evening class.

직원: 저녁 수업은 매주 월요일, 화요일, 목요일에 있고 6시 30분부터 9시 5분까지 수업합니다.
Worker: The evening class is every Monday, Tuesday, and Thursday at 6:30 to 9:05PM.

- **Let's read**

Q: Are there fun things to do while studying Korean?
A: There are several programs for the students of the Korean Language Institute. Shall we find out what kind of programs there are together?

*A special time to make Korean friends: Language Exchange
For people who want to practice speaking Korean or make Korean friends, sign up for the Language Exchange program. This is a program that helps Korean college students and the Korean Language students practice a foreign language. All the students registering for the Language Exchange program must come to the orientation.

*Making healthy and delicious Korean food: Korean Cooking
Korean Cooking is a program that teaches Korean Language Institute students how to cook Korean food in an easy and comfortable way. You can register every spring, fall, and winter semester. Register for this program if you like cooking or are interested in Korean food.

*Learning Korean with Korean movies: Korean Movies
You can watch eight movies for free every semester at the Korean Language Institute. The movies are shown every Wednesday at 2PM in the auditorium. Come to the auditorium to watch a movie if you are interested in Korean movies.

Unit 11 - Unit 12 Review

Unit 11 – Unit 12 Vocabulary

웬일 what matter 글씨 writing
틀리다 to be incorrect or make a mistake
떨리다 to be nervous 일정 schedule
연대 Yonsei University 동문 회관 alumni hall
금화 터널 Geumhwa Tunnel
봉원 고가 차도 Bongwon Elevated Road

I. Listen to the dialogue and answer the questions.
주앙: 여보세요? 제니야, 웬일이야?
Juang: Hello? Jenny, what's up?

제니: 응, 주앙아. 중간시험 끝났어? 난 오늘 시험 봤는데 너도 시험 끝났으면 한번 만나자.
Jenny: Hi, Juang. Are you done with your midterms? I took an exam today and if you're finished with all your tests, let's meet up.

주앙: 넌 벌써 시험 봤어? 잘 봤지? 난 이번 주 목요일하고 금요일이 시험이야. 지금 공부하고 있는데 쓰기 시험 때문에 걱정이야. 아직 모르는 단어도 많고 글씨도 자꾸 틀리게 써.
Juang: You're already finished with all your exams? You did well, didn't you? I have tests this Thursday and Friday. I'm studying right now but I'm worried because of the writing exam. There are still so many words I don't know and I'm writing the words incorrectly.

제니: 그럼 단어를 쓰면서 외우면 돼. 여러 번 써야 글씨를 틀리지 않아. 그런데 난 말하기 시험을 잘 못 본 것 같아. 말할 때 실수를 좀 했어. 말도 너무 천천히 한 것 같고.

Jenny: You just need to memorize the words while you write them. You have to write them several times to not make mistakes. But I think I didn't do well on the speaking exam. I made a few mistakes while speaking and I think I spoke too slowly.

주앙: 말하기 시험을 잘 보려면 보통 때 연습을 많이 하면 되는데. 그런데 너 한국 친구들이 많아서 한국말로 많이 이야기하지 않아?

Juang: To do well on the speaking test, you usually have to just practice a lot. But don't you speak a lot of Korean because you have a lot of Korean friends?

제니: 맞아. 그런데 시험 때는 너무 떨려서 말을 잘 못했어. 오늘은 너 공부해야 되니까 길게 전화 못하겠다. 다음 주에 한 번 만나자.

Jenny: You're right but I didn't speak well because I was so nervous during the test. I won't talk too long on the phone because you have to study today. Let's get together next week.

주앙: 그럼 다음 주에 우리 학교로 올래?

Juang: Then do you want to come to my school next week?

제니: 그래, 좋아. 그런데 어떻게 가는지 잘 모르는데.

Jenny: Okay, sounds good, but I don't know how to get there.

주앙: 너희 학교 앞에서 지하철을 타고 을지로 3가에서 2호선으로 갈아타면 돼. 광화문으로 해서 오는 버스도 있는데 몇 번 버스인지는 잘 모르겠다. 인터넷에서 지도를 보거나 우리 학교 홈페이지에 한 번 들어가서 찾아봐.

Juang: Take the subway in front of your school and then transfer to the Line 2 at Euljiro 3(sam)-ga. There is also a bus by way of Gwanghwamun but I'm not sure what bus number it is. Go into the internet and look at a map or try checking on my school's homepage.

II. Read the following and answer the questions.

School Intro-duction	Class Sched-ule	Regis-tration infor-mation	Online Accep-tance	Dormi-tory/ Board-ing-house

- Greeting
- History
- Teacher / worker

Subway	Take Exit 3 at Sinchon Station from Line 2. Transfer to Bus 7024 and get off at the Yonsei University Alumni Hall.
Bus	272 606 708 6714 7017 7024 7737 Get off at the Yonsei University Alumni Hall.
자동차 Car	Go towards Geumhwa Tunnel in front of the Yonsei University inter-section and take a left turn under the Bongwon Elevated Road and then go into the Yonsei Unversity Alumni Hall. To get to the Korean Language Institute building, go straight about 350 meters and then take a left turn and go 50 meters. The KLI building is on the left side.

- Directions

Korean Culture: Using the Library

National Library of Korea: As the largest library in Korea, there is an abundance of materials. The facilities of the digital library are especially nice.

Namsan Public Library: This is the oldest library in Korea that opened its doors in 1922. It is located in Namsan, which has beautiful scenery. The library holds exhibitions, lectures, and culture classes.

Seoul Metropolitan Library: This library was placed inside the old city hall building and offers the service of being able to search the data of all the libraries in the city of Seoul.

Unit 13

<1> Bank

Lesson objective: to understand the content related to using the bank.

Vocabulary

현금 자동 인출기 automatic teller machine (ATM)
통장 bankbook　　계좌 account
비밀번호 password　　현금 cash
번호표 number ticket　　뽑다 to pull out
서명 signature
인터넷 뱅킹 online banking
환전 exchange of money　환율 exchange rate
원화 the Korean won
인터넷 전문은행 Internet-only bank
앱 application　　다운로드받다 to download

- **Let's listen**

1.

(1) 손님, 번호표부터 뽑고 기다리세요.
Sir (customer), please pull out a number ticket and wait.

(2) 카드부터 받으세요. 그럼 현금을 받을 수 있습니다.
Receive the card first. Then you can receive cash.

(3) 체크카드를 만들려면 통장부터 만들어야 합니다.
You need to first make a bankbook in order to make a debit card.

(4) 서류를 내기 전에 서명부터 해 주세요.
Please sign your name before turning in the document.

2.

(1) 사람이 많아서 기다리는 동안 잡지를 봤어요.
Because there were so many people, I read a magazine while waiting.

(2) 인터넷 뱅킹을 하는 동안 은행에서 문자를 받았어요.
I received a text message from the bank while doing online banking.

(3) 타오 씨가 통장을 만드는 동안 저는 현금 자동 인출기에서 돈을 찾을게요.
Tao, while you make a bankbook, I'll get some cash at the ATM.

(4) 친구가 은행에 갔다가 오는 동안 저는 숙제를 다 했어요.
I finished all my homework while my friend went to the bank and returned.

3~4.

직원: 어서 오십시오. 어떻게 오셨습니까?
Worker: Welcome. How can I help you?

손님: 인터넷 계좌를 만들려고 왔는데요.
Customer: I came to make an internet bank account.

직원: 그럼 번호표부터 뽑고 기다리십시오.
Worker: Then first pull out a number ticket and please wait.

손님: 오래 기다려야 하나요?
Customer: Must I wait for a long time?

기다리는 동안 현금 자동 인출기에서 돈을 찾아도 될까요?
May I pull out some money at the ATM while I wait?

직원: 네, 그러셔도 될 것 같습니다.
Worker: Yes, I think you will be able to do that.

5~7.

손님: 달러를 환전하려고 하는데요.
Customer: I would like to exchange US dollars.

직원 : 얼마나 바꾸실 거예요?
Worker: How much will you exchange?

손님: 오백 달러요. 그런데 환전하려면 여권이 필요한가요?
Customer: $500. But do I need my passport to exchange money?

직원: 네, 외국인이 외국 돈을 환전하려면 여권이 필요합니다.
Worker: Yes, your passport is needed if you are a foreigner exchanging foreign money.

손님: 아, 그래요? 여기요. 그런데 오늘 환율은 어떻게 돼요?
Customer: Oh, really? Here you go. What is the exchange rate today?

직원: 1달러에 1,100원입니다. 먼저 여기에 서명부터 해 주시고요, 원화를 준비하는 동안 잠시만 기다려 주십시오.
Worker: One US dollar is 1,100 won. Please sign here first and then please wait a few minutes while I prepare the Korean won.

- **Let's read**

There are many people using the 'Internet-only bank' these days. So today, I'd like to introduce the Internet-only bank.
In order to use the Internet-only bank, you first must download the application. After that, you make an account. You need to make a password when making the account. You will need this password while you do your banking through the internet.
When you put money into your account, you can use it the same way you would at a typical bank. You can send money to other people and you can even borrow money from the bank. You can also make a debit card. There are many times you have to pay money for services at other banks but they are free with Internet-only bank.
Through Direct Banking, you can easily and conveniently do things you cannot do at a typical bank. You can send or receive money while sending and receiving text messages from friends. While messaging a friend, you can send money if you click the name of your friend. You don't need to know the account number of your friend. If it's a friend you can contact with your cellphone, you are able to send him or her money.

<2> Post Office

Lesson objective: to understand the content related to using the post office.

Vocabulary

우편번호 zip code	등기 registration
서비스 service	항공편 by airmail
배편 by ship	엽서 postcard
부치다[2] to send or ship	우편 mail service
소포 package or parcel	
국제 특급 Express Mail Service	
길이 length	상자 box
이상 past or above	무게 weight
가격 price	크기 size
할인율 discount rate	하루 one day
팔다 to sell	

• Let's listen

1.

(1) 가: 이 물건을 항공편으로 보내실 건가요? 배편으로 보내실 건가요?
A: Will you send this object by airmail? Or will you send it by ship?
나: 항공편으로 보내 주세요.
B: Please send it via airmail.

(2) 가: 어떤 꽃으로 하실 건가요?
A: Which flower do you want?
나: 빨간 장미 꽃다발로 할게요.
B: I'll take the bouquet of red roses.

(3) 가: 이 엽서를 모두 러시아로 부치실 건가요?
A: Are you sending all these postcards to Russia?
나: 네, 모두 러시아로 보낼 거예요.
B: Yes, I'm sending them all to Russia.

(4) 가: 이 서비스를 신청하면 미국까지 며칠 걸리나요?
A: If I register for this service, how many days will it take to get to the US?
나: 빠르면 하루 늦어도 이틀 안에 보내 드립니다. 신청하실 건가요?
B: The earliest we can send it is in one day and latest within two days. Will you register this?

2.

(1) (1) 가: 배편으로 보내면 한 달쯤 걸립니다.
A: It will take about one month if you send it by ship.
나: 한 달이나요?
B: A whole month?

(2) 가: 이 물건은 작지만 5Kg이나 되는군요.
A: This object is small but weighs five kilograms.
나: 5Kg이면 얼마예요?
B: How much is it if it is five kilograms?

(3) 가: 이 물건은 길이가 45cm나 되니까 5호 상자를 이용하셔야 합니다.
A: This object is 45cm long so you must use box number five.
나: 5호면 제일 큰 상자지요?
B: Is box number five the biggest box?

(4) 가: 소포를 2개 이상 보내시면 5% 싸게 해 드립니다.
A: If you send more than 2 packages, you will receive a 5% discount.
나: 5%나 할인이 돼요?
B: I'll get a whole 5% discount?

3~4.

노라: 이 책을 노르웨이로 보내려고 하는데요.
Nora: I would like to send this book to Norway.
직원: 국제 특급 서비스를 이용하실 건가요? 국제 특급을 이용하시면 하루나 이틀 안에 배달이 됩니다.
Worker: Will you be using the Express Mail Service (EMS)? If you use EMS, it will be delivered within one or two days.
노라: 국제 특급으로 보내면 얼마예요?
Nora: How much is it if I use EMS?
직원: 책 무게가 780g이니까 34,000원을 내셔야 합니다.
Worker: The weight of the book is 780g so you will have to pay 34,000won.
노라: 34,000원이나 내야 해요? 생각보다 비싸군요.
Nora: I have to pay 34,000won? It's more expensive than I thought.

5~7

손님: 택배로 물건을 보내려고 하는데요. 너무 무거워서 못 가지고 왔어요. 집에서 보낼 수 있습니까?
Customer: I would like to send this object as a package. I couldn't bring it because it was too heavy. May I send it from my house?
직원: 네, 방문 서비스를 신청하시면 댁으로 저희 직원이 물건을 가지러 갑니다. 방문 서비스를 신청하실 건가요?
Worker: Yes. If you register for the home visiting service, a worker will go to your house to pick up the package. Do you want to register for the visiting service?
손님: 가격이 많이 비싼가요?
Customer: Will the price be expensive?
직원: 많이 비싸지는 않습니다만 일이천 원정도 더 내셔야 합니다. 물건 무게가 얼마나 되나요?
Worker: It's not that expensive but you will have to pay 1,000-2,000won more. What is the weight of your package?
손님: 32Kg 정도 됩니다.
Customer: It is about 32kg.
직원: 32Kg이나 돼요? 그럼 돈을 좀 더 내셔야 합니다.
Worker: It's 32kg? Then you will have to pay more money.

• Let's read

Information about different services at the Post Office

-Do you want to celebrate a special day for a family member or friend?
Try using the Celebration Card Service of the Post Office. If you choose a card and write

your congratulation greeting, your card will be delivered on the same day. In addition, you can even send the same card to one hundred people at one time.
-Do you want to send a gift of flowers to someone you love?
The Post Office also delivers flowers. You can send a beautiful bouquet of flowers with a message. You may also send along a gift if you wish. You will have to pay separately for the delivery of the gift.
-Do you want to try some good food?
The Post Office sells delicious, healthy, and fresh foods. If you order by the internet or phone, fresh fruit, vegetables, meat, grains, etc. will be delivered to your home.
-Will you continue to use an expensive cellphone?
You can purchase a cell phone at the post office at an inexpensive price and use it. The cell phone service at the Post Office is 20-30% cheaper than other cell phone services.

Unit 14

<1> Cell Phone

Lesson objective: to understand the content of the explanation of the different functions of a cell phone.

Vocabulary

통화하다 to speak over the phone
계산하다 to calculate　녹음하다 to record
동영상을 보다 to watch a video
음성 메시지 voice message
검색하다 to search　속도 speed
기능 skill or function　기사 news or article
청소년 adolescents or teenagers
위험하다 to be dangerous
글씨 letter or writing

• **Let's listen**

1.

(1) 주앙아, 내일 5시에 반 모임이 있어. 약속 장소는 학교 정문 앞이야.
Juang, we have a class meeting at 5 o'clock tomorrow. The appointed place of meeting is in front of the main entrance of the school.

(2) 흐엉 씨, 내일 약속 잊어버리지 않았지요? 에릭 씨는 못 올 거예요. 요즘 많이 바빠요.
Huang, you didn't forget about the appointment tomorrow, did you? Eric won't be able to come. He is very busy these days.

(3) 유키 씨 들었어요? 마이클 씨가 지난주에 고향에 일이 있어서 미국에 돌아갔어요.
Yuki, did you hear? Michael went back to the United States because something happened in his hometown last week.

(4) 리타오, 올리비아 씨 생일파티에 꽃다발 사 가지고 와. 노라는 케이크를 만들어 가지고 올 거야.
Letao, buy a bouquet of flowers and bring it to Olivia's birthday party. Nora will bake a cake and bring that.

2.

올리비아: 에릭 씨, 휴대 전화 좋은데요. 이거 어때요? 저도 바꿔야 해서요.
Olivia: Eric, your cell phone looks nice. How is it? I have to change my phone as well.

에릭: 어제 샀어요. 요즘 인기 있는 휴대 전화가 뭐냐고 하니까 이걸 보여 주셨어요. 동영상 속도가 빠르냐고 물어보니까 요즘은 다 빠르다고 했어요. 또 게임을 할 수 있냐고 하니까 전화 안에는 게임이 하나도 들어있지 않지만 무료로 살 수 있다고 했어요. 인터넷 검색이 잘 되냐고 하니까 다른 휴대 전화보다 속도도 빠르고 좋다고 해요. 올리비아 씨도 이걸로 한번 알아보세요.
Eric: I bought it yesterday. I asked what phone was popular these days and they showed me this one. I asked if the speed of videos was fast and they answered that all the phones are fast these days. I also asked if I could play games on the phone and they told me that although there are no games in the phone, I can get them at no cost. I asked how good the internet search was and they said this phone was good because it is faster than other cell phones. Olivia, you should also look into this phone.

3~4.

존: 윤아야, 조금 전에 어머니하고 통화했지? 무슨 일 있어?
John: Yuna, you just talked with your mother a little while ago, right? Is there something wrong?

윤아: 아니, 어머니가 잘 지내냐고 물어보려고 전화하셨어.
Yuna: No, my mom just called to ask how I was doing.

존: 나도 멀리 있지만 일주일에 두세 번은 통화도 하고 메시지도 보내. 가끔 어머니께서 가족들이 모여서 찍은 사진이나 동영상을 보내 주시는데 그럴 때는 고향이 참 그리워.
John: I also live far from home but I talk to my mother on the phone two or three times a week and send messages, too. My mom sometimes sends me photos or videos of the family when they get together and that's when I really miss my hometown.

윤아: 휴대 전화가 있어서 멀리 있는 가족들과 편하게 연락할 수 있으니까 좋네. 참, 존, 하늘이하고 통화했는데 내일 같이 등산을 할 수 있냐고 물었어. 내일 시간 있어?

Yuna: It's nice to have a cell phone so we can easily contact family members who are far away. Oh, John, I talked with Haneul over the phone and she asked if we could go hiking with her tomorrow. Do you have time tomorrow?

존: 좋지. 나도 갈 수 있다고 전해 줘.

John: Sounds good. Please tell her that I can go, too.

5~7.

에릭: 유키 씨, 요즘 사람들은 가족과 식사를 할 때도 친구와 이야기를 할 때도 모두 휴대 전화만 보고 있는 것 같아요. 신문 기사를 봤는데 청소년들에게 하루에 몇 시간 휴대 전화를 사용하냐고 물어보니까 3시간 이상 사용한다고 대답했어요. 길을 걸을 때도 위험하고 눈도 많이 나빠졌다고 해요.

Eric: Yuki, it seems like everyone is just looking at their cell phone screens while having a meal with their family or even while talking with friends these days. I read an article that said that teenagers were asked the question of how many hours they spend using their cell phones every day. The adolescents answered that they use their cell phones more than three hours a day. The article also said that it was dangerous to look at the cellphone while walking on the street and that many people's eyesight had worsened.

유키: 하지만 휴대 전화가 있어서 좋은 점이 훨씬 많아요. 인터넷을 검색할 때도 컴퓨터가 없어도 되고, 모르는 단어가 있을 때 휴대 전화로 찾아보면 되니까 정말 생활이 편해졌어요. 무거운 카메라도 필요 없고 길 찾을 때도 알려주고, 이제는 우리 생활에서 없으면 안 되는 물건인 것 같아요.

Yuki: But I think there are a lot more positive points because we have a cell phone. You can search the internet even without a computer. And life is more convenient because if you don't know a certain word, you can just look it up on your cell phone. You don't need a heavy camera and the phone gives you directions when you don't know the way to go. I think the cell phone is now something we can't live without.

에릭: 그것도 맞는 말이네요.

Eric: What you're saying is right.

- **Let's read**

From young children to elderly people, there is no one without a cell phone these days. Many people are using the cell phone to make calls, record, calculate, take photos and videos, play games, and do many other things.
Our newspaper company asked 1,000 adults in their 20-30's and elderly people above the age of 70 when they use their cell phones and what they thought were inconveniences about their cell phones as they used them.
The people in the 20-30's said they watch the news or dramas on their cell phones as well as do internet shopping or online banking. They also said they like taking pictures and uploading them onto their blogs.
The elderly people answered differently from the people in their 20-30's and said they use their cell phones mostly for making calls or sending text messages. They said that because there are many times they need to make calculations for the prices of products, it was convenient to use the cell phone to calculate. They answered that when they occasionally search the internet, it was uncomfortable because the text was too small.
That is why the cell phone companies said that they will make a new cell phone that will display the text in large letters for elderly people to comfortably search the internet.

<2> Messages

Lesson objective:to understand the content of messages or memos.

Vocabulary

함께 together	남기다 to leave
출발하다 to depart	남산 Namsan
서울역 Seoul Station	낮잠 nap
깜빡하다 to forget	꼭 surely
기쁘다 to be joyful	

- **Let's listen**

1.

에릭: 유키 씨, 어제 레오 씨하고 통화했는데, 레오 씨가 시험이 끝나고 반모임을 하자고 했어요. 오랜만에 같이 영화도 보고 쇼핑도 하자고 해요. 저녁 먹고 같이 노래방에도 가자고 하는데요.

Eric: Yuki, I spoke with Leo over the phone yesterday and he said he would like us to have a class meeting after the test. He says he wants us to watch a movie and go shopping together since it's been a long time. He says he even wants us to go to the noraebang together after eating dinner.

유키: 정말 재밌겠어요. 좋아요. 그런데 지금 시간 있어요? 도서관에 가는데 같이 갈래요? 커피부터 한잔 마시고 숙제해요.

Yuki: That sounds like a lot of fun. Okay. Do you have time right now? I'm going to the library but do you want to go with me? Let's have some coffee first and then do our homework.

에릭: 좋아요. 같이 가요.

Eric: Okay. Let's go together.

2.

(1) 유키: 지금 4시인데 아직 출발 안 했어?

Yuki: It's four o'clock right now but you still haven't left?

존: 주앙이가 메시지를 보냈는데 5시까지 한강 공원 앞으로 오라고 했어.

John: Juang sent a message and said for us to come in front of the Han River Park by five o'clock.

(2) 하숙집 아주머니: 하늘아, 어머니가 저녁에 전화하라고 하신 메모 봤어?

Boardinghouse owner: Hanuel, did you see the memo about your mom telling you to call her tonight?

하늘: 저희 어머니가 전화하셨어요? 지금 전화해 봐야겠어요.

Hanuel: My mother called? I'll try giving her a call right now.

(3) 유키: 흐엉 씨가 방금 메시지로 노라 씨 생일 파티를 할 식당을 예약하라고 했어요.

Yuki: Huang just left a message telling me to reserve the restaurant where we will be having Nora's birthday party.

에릭: 제가 전화로 예약할게요.

Eric: I'll reserve it over the phone.

(4) 주앙: 저는 케이크를 샀는데 레오 씨는 마이클 씨 환송회에 뭘 사 가지고 갈 거예요?

Juang: I bought a cake but what are you going to buy and take to Michael's farewell party, Leo?

레오: 올리비아 씨가 꽃다발을 사 오라고 메시지를 보냈어요.

Leo: Olivia sent me a message telling me to buy a flower bouquet.

3~4.

뚜— 뚜--(신호만 계속 가고 전화를 받지 않음.)

(The signal goes on but no one answers the phone.)

(유키가 혼잣말로) 에릭 씨가 전화를 왜 안 받지? 회사 일이 바쁜가? 음성 메시지를 남겨야겠다.

(Yuki speaking to herself) Why isn't Eric answering the phone? Is he busy with work? I'd better leave him a voice message.

삐—

(beep)

에릭 씨, 저 유키예요. 노라 씨가 오늘 저녁에 남산에 놀러 가자고 해요. 7시에 서울역 앞에서 만나자고 해요. 에릭 씨 회사가 서울역에서 가까우니까 바로 오세요. 노라 씨는 따로 혼자 오는데 서울역 앞이 복잡하니까 도착하면 저한테 전화하라고 했어요. 저녁부터 먹고 남산에 올라가요. 늦지 않게 오세요.

Eric, this is Yuki. Nora said that we should go hang out at Namsan tonight. She said for us to meet in front of Seoul Station at 7 o'clock. Since your company is near Seoul Station, just go straight from there. Nora will go on her own and I said that she should call me when she arrives because it's crowded in front of Seoul Station. We will eat dinner first and then go up Namsan. Try to come on time.

삐—

(beep)

5~7.

흐엉: 레오 씨, 어제 친구 잘 만났어요?

Huang: Leo, did you meet your friend yesterday?

레오: 아니요, 못 만났어요. 친구가 급한 일이 생겨서 저한테 전화를 했는데 제가 전화를 집에 놓고 나가서 못 받았어요. 회사 일 때문에 못 나가니까 나오지 말라고 메시지도 계속 보냈다고 해요. 저는 혼자 1시간쯤 기다리다가 집에 돌아왔어요.

Leo: No, we couldn't meet. Something sudden came up for my friend and he called me but because I left my phone at home, I couldn't get his call. He said he kept sending me messages that he couldn't meet because of his work and that I shouldn't come out to meet him. I just waited by myself for about an hour and then went back home.

흐엉: 어떻게 휴대 전화 없이 나갔어요? 저는 요즘 휴대 전화가 없으면 아무것도 못하는데.

Huang: How did you go out without your cell phone? I can't do anything without my cell phone these days.

레오: 어제 낮잠을 자다가 늦게 나갔어요. 정신이 없어서 휴대 전화를 깜빡 했어요.

Leo: I was taking a nap yesterday and then left the house late. I wasn't in my right mind so I completely forgot my cell phone.

흐엉: 그랬군요. 연락이 안 되니까 친구도 걱정을 많이 했을 것 같아요.

Huang: I see. I'm sure your friend was really worried, too, because he couldn't get in touch with you.

레오: 네, 친구가 이번주 토요일에 다시 만나자고 했어요. 친구가 저녁을 사겠다고 했어요.

Leo: Yes. My friend said we should meet up again this Saturday. He said he would buy me dinner.

• **Let's read**

Hanuel, I made some of the dumpling that you like and brought it for you but you're not at home. I tried calling you but you're not answering the phone. Perhaps you're in class right now. I waited for thirty minutes but since you didn't come I'm leaving this note and will just go home.
Next week is your grandfather's birthday so your older brother says that we should all have dinner with the family. It's been a while going to a nice restaurant so he said he would make reservations. You have to come. And your brother said he would introduce his girlfriend to the family. I know you're a little busy with your studies these

days but I'd like it if you were sure to come to this family meeting. Your brother asked me to buy a birthday cake for grandfather but since I'm busy, please buy a cake and bring it with you.
Your grandfather is really happy that the whole family is getting together after such a long time. So don't forget. I was planning on writing a short note for you but it has become a long one. Give me a call when you have time.
Love,
Your mother

Unit 13 - Unit 14 Review

Unit 13 – Unit 14 Vocabulary

신기하다 to be amazing or marvelous
우편함 mailbox　　맞추다 to set

I. Read the following and answer the questions.

Once I asked a Korean friend where I could make a bankbook. My friend told me to make my bankbook at the post office because there are many things that make it convenient. That is why the first thing I did when I came to Korea was making a post office bankbook.

I went to the post office and there were many people. There were many people doing different things such as withdrawing money, applying for a debit card, sending a package, or shipping a parcel to another country. I pulled out a number ticket and there were 30 people before me. I listened to music on my cell phone and looked at a magazine while I was waiting. After about twenty minutes, a worker called my number. I gave my passport and made a bankbook.

The post office worker told me that if I downloaded the post office application on my cell phone, I would be able to do online banking and even use the courier service. I usually go on the internet or watch videos on my phone but I was surprised at all the other different things you can do as well. When you are paying your boardinghouse fee, there is no need to go to the ___________(a)___________ in person. When you have bought something through internet shopping, you can easily register for a _______ (b)_______ when you want to exchange it.

I feel like life has become easier because I can use all these many post office services through my cell phone.

II. Listen to the dialogue and answer the questions.

흐엉: 여보세요? 저 택배 때문에 전화 했는데요.
Huang: Hello? I'm calling for the shipping service.
우체국 직원: 네, 말씀하십시오.
Post office worker: Yes? How may I help you?
흐엉: 제가 며칠 전에 우체국 앱에서 택배를 보내려고 신청했는데요. 어제 우체국에서 저희 집에 방문한다고 메시지가 왔어요. 그런데 제가 밖에 있어서 택배 직원을 못 만났어요.
Huang: A few days ago I used the post office application to register for a package to be sent. I got a message from the post office that the delivery worker would come to my house. But because I was outside, I couldn't meet him.
우체국 직원: 잠깐만 기다리십시오. 제가 확인해 보겠습니다. 음, 저희 직원이 어제 오후 3시 쯤 댁에 방문했는데 아무도 안 계셔서 우편함에 메모를 남겼다고 합니다. 확인해 보셨나요?
Post office worker: Please wait a moment. Let me check. Um, one of our workers visited your home at 3 PM yesterday but because no one was at home, he left a memo in your mailbox. Have you checked that?
흐엉: 아, 못 봤어요. 그런데, 제가 지금 밖에 있어서 메모를 확인할 수가 없어요.
Huang: Oh, I didn't see that. But I'm outside right now so I can't check for the memo.
우체국 직원: 오늘 몇 시에 댁에 계실 건가요? 그 시간에 맞춰서 택배 직원에게 연락하겠습니다.
Post office worker: What time will you be home today? We can set the time and I'll contact the delivery worker.
흐엉: 저는 2시쯤 집에 도착할 것 같아요.
Huang: I think I'll arrive at home around 2 o'clock.
우체국 직원: 그럼 먼저 택배 직원에게 전화부터 드리라고 전하겠습니다.
Post office worker: Then I'll tell the delivery worker to give you a call first.

Korean Culture: Automatic Bill Payment Machine

If you go to a bank, you can see the Automatic Bill Payment Machine next to the Automatic Teller Machine. In the past, you would have to go to the window, take a number ticket, and then wait a long time in order to pay your housing management fees, gas bill, water bill, or phone bill. But now, with the Automatic Bill Payment Machine, you can make your payments without waiting in lines as long as you have your bankbook or card. Recently, you can even make your payments with greater ease with your credit card or online banking.

Unit 15

<1> Restaurant Reservations

Lesson objective: to understand the different ways to make reservations at a restaurant.

Vocabulary

기회 opportunity
예약석 reserved seats
카페 café
연말 end of the year
성함 name
마지막 last
경험 experience
알리다 to let know or inform
뷔페 buffet
날짜 date
분위기 atmosphere
공휴일 legal holiday
잠시만요 please hold
계속 continuously
기대 expectation

• **Let's listen**

1.

(1) 분위기가 좋은 카페라서 데이트할 때 가면 좋겠어요.
It's a cafe with a nice atmosphere so it would be good to go there on a date.

(2) 인기가 많은 곳이라서 빨리 가서 줄을 서야 해요.
It's a popular place so we should go quickly and get in line.

(3) 오늘은 공휴일이라서 은행이 문을 열지 않아요.
It's a holiday today so the bank is not open.

(4) 연말이라서 식당을 예약하기가 어려울 것 같아요.
Since it's the end of the year, I think it will be difficult to make reservations at the restaurant.

2.

유키: 윤아 씨, 이 식당은 뭐가 맛있어요? 제 동생은 한국 음식이 처음이라서 아주 기대하고 있어요.
Yuki: Yuna, what tastes good at this restaurant? It's my sister's first time to eat Korean food so she is really looking forward to it.

윤아: 네, 유키 씨. 여기는 냉면이 유명한 식당이에요. 그런데 그쪽에 있는 물 좀 주시겠어요?
Yuna: Okay, Yuki. This restaurant is famous for its naengmyeon. But could you please pass me the water over there?

유키: 네, 여기요. 윤아 씨가 잘 아니까 좀 주문해 주세요. 그리고 제 동생에게도 물을 좀 주세요.
Yuki: Sure, here you go. Since you know this place very well, please order for us. And please give my sister some water, too.

윤아: 네, 알겠어요. 그런데 유키 씨 동생은 냉면을 알아요? 유키 씨가 동생에게 냉면이 무엇인지 일본말로 좀 설명해 주세요.
Yuna: Yes, of course. But does your little sister know about naengmyeon? Can you explain to her what it is in Japanese?

3~4.

주인: Y 레스토랑입니다.
Owner: This is the Y Restaurant.

여자: 다음 주 금요일 저녁에 식사 예약을 하려고 하는데요.
Woman: I would like to make dinner reservations for next Friday.

주인: 네, 4월 2일 금요일이요. 몇 시에 몇 분이지요?
Owner: Okay. That's for Friday, April 2. What time would you like to reserve and for how many?

여자: 저녁 7시에 여덟 명이에요. 친구 생일이라서 파티를 하고 싶은데 방을 따로 예약할 수 있나요?
Woman: Seven o'clock for eight people. We want to hold a party for our friend for her birthday so may we reserve a separate room?

주인: 잠시만요. 여덟 분이 들어가실 수 있는 방이 하나 남았네요. 금요일 저녁이라서 다른 방은 벌써 다 예약이 되었어요. 그럼 성함과 전화번호를 말씀해 주십시오.
Owner: Please hold a moment. We have one room left that can fit eight people. The other rooms have already been reserved because it is a Friday night. Please give me your name and phone number.

5~7.

존: 하늘아, 나 이것 좀 도와줘.
John: Haneul, please help me with this.

하늘: 뭔데, 존? 아, 인터넷으로 식당을 예약하려고?
Haneul: What is it, John? Oh, you want to make restaurant reservations over the internet?

존: 응, 친구들이 나한테 예약을 해 달라고 부탁했는데 인터넷으로 하면 서비스로 음료수를 준다고 해서. 그런데 모르는 단어가 계속 나와서 좀 어렵다.
John: Yeah, my friend asked me to make the reservations. I heard that if we reserve online, we will receive free drinks but it's a bit difficult because these words I don't know keep coming up.

하늘: 그래? 어디 볼까? 여기 '예약하기' 버튼부터 누르고, 그 다음에 예약 날짜와 시간을 고르면 돼.
Haneul: Really? Let me see. Press this button that says, 'Reserve,' and then choose the reservation date and time.

존: 응, 그럼 8월 20일, 저녁 7시. 그 다음 단어는 무슨 말이야?
John: Okay, August 20 for 7:00 PM. What does this next word mean?

하늘: 식당에 갈 사람이 몇 명이냐는 말이야.
Haneul: It's asking how many people will be going to the restaurant.

존: 그렇구나. 그럼 나까지 세 명. 그 다음에는 내 전화번호와 이메일 주소를 쓰는 거야?
John: I see. It's for three people including me. Then do I write my phone number and email next?

하늘: 응. 이제 마지막으로 제일 아래에 있는 '예약 신청하기' 버튼을 눌러. 다 된 것 같은데... 와, 존 네 휴대전화로 예약이 됐다는 문자메시지가 벌써 왔네.

Haneul: Yes. Now the last thing is to press the button at the bottom that says, 'Make reservation.' I think it's all done. Wow, John! You already received a text message on your cell phone that tells you your reservation has been made.

• **Let's read**

The consecutive holidays are starting next Wednesday, and my older sister and cousin are coming from my hometown at that time. I am so excited to meet my family members that I've missed and haven't seen for a year. I called my sister yesterday and asked her what she wanted to do in Korea. This is her first visit to Korea, so she said that she wanted to have many different experiences while staying in Korea.
She asked me to guide her to famous tourist attractions and she said that she wanted to try some Korean food that she cannot taste in our hometown. My cousin who is very interested in Korean dramas asked if I could guide her to a broadcasting station. She also told me that she wanted to try some of the spicy Korean foods she saw on the drama shows. Would my cousin be able to eat the spicy foods of Korea?
I asked a friend of mine who knows a lot of popular restaurants if she could introduce me to a place that makes delicious spicy dishes. My friend informed me of a few places. She said that one of the restaurants was so popular that I needed to make reservations if I wanted to go on a holiday. I thought my family would also want to eat Western food while they were traveling in Korea, so I looked up some places online. I found a buffet restaurant and because it has foods from different countries of the world, I thought this place would be good for us. It said that we could select our own seats when we made reservations, so I asked for quiet seats. I'll be busy when my sister and cousin come but I think I'll really enjoy the holidays.

<2> Ordering for delivery

Lesson objective: to understand the content of ordering food for delivery and confirming the order.

Vocabulary

주문하다 **to order** 배달하다 **to deliver**
배달되다 **to be delivered**
배달 시키다 **to order for delivery**
판 **counting word for a whole pizza**
신용 카드 **credit card**
결제하다 **to make a payment**
팥빙수 **adzuki bean sherbert**
늘 **always** 방금 **just now**
간단하다 **to be simple or easy**
종류 **type or sort** 거리 **distance**
점수 **point** 배달비 **delivery fee**
파스타 **pasta** 장바구니 **shopping cart**

• **Let's listen**

1.

(1) 남자: 피자는 몇 판 배달 시킬까요?
Man: How many whole pizzas should we order?
여자: 한 판만 시킵시다.
Woman: Let's just order one whole pizza.

(2) 아이: 엄마, 과자 많이 사도 돼요?
Child: Mom, can I buy a lot of cookies?
엄마: 안 돼. 오늘은 네가 먹고 싶은 거 한 개만 사라.
Mom: No. Just pick one thing that you want to eat.

(3) 남자: 주차료를 현금으로 낼 수 있나요?
Man: Can I pay the parking fee in cash?
여자: 여기에서는 신용카드로만 결제할 수 있습니다.
Woman: You can only make your payment with a credit card here.

(4) 손님: 저쪽에서 먹어도 돼요?
Customer: May I eat over there?
주인: 죄송합니다만 식당 안에서만 드실 수 있습니다.
Owner: I'm sorry but you can only eat inside of the restaurant.

2.

노라: 유키 씨가 전에 한 번 왔던 식당이라고 했으니까 메뉴를 좀 골라 주세요.
Nora: Yuki, you said that you have been at this restaurant once before so please choose the menu for us.
유키: 네, 그럴게요. 제가 전에 먹었던 게 이 햄버거인데 정말 맛있었어요.
Yuki: Okay, I'll do that. This is the hamburger that I had last time and it was very delicious.
노라: 감자튀김도 같이 먹을까요?
Nora: Should we eat it with French fries?
유키: 감자튀김은 안 먹어 봤는데 하나 시켜 볼까요? 그런데 그때 제가 봤던 사장님이 오늘은 안 계시네요. 아주 예쁘고 친절하셨어요. 처음 보는 남자 종업원들만 있군요.
Yuki: I haven't tried the French fries but should we try ordering one? The owner that I saw the last time isn't here today. She is very pretty and friendly. There are only male workers that I'm seeing for the first time here.
노라: 그래요? 아, 우리 이따가 옆에 있는 커피숍에 가요. 전에 같이 팥빙수를 먹었던 곳이요.
Nora: Really? Oh, let's go to the coffee shop that is next door later. It's the place we ate shaved ice with red beans together last time.

3~4.

우진: 여보세요? 여기 서울 빌딩 302호인데요,
Woojin: Hello? This is Seoul Building Room 302.

주인: 잠시만요, 302호요. 아, 아까 주문하셨던 분이네요.
Owner: Please hold, Room 302. Oh, you're the one who ordered food a little while ago.

우진: 네, 자장면 주문한 지 30분이 지났는데 아직 안 와서요. 곧 회의 시간인데... 늘 배달이 빨랐는데 오늘은 왜 이렇게 늦지요?
Woojin: It's been 30 minutes since I ordered jajangmyeon but it still hasn't come. We will be having a meeting soon. Deliveries always came quickly but why is it so late today?

주인: 정말 죄송합니다, 손님. 오늘은 주문이 많이 밀려서요. 방금 출발했으니까 곧 배달될 거예요. 5분 정도만 더 기다려 주세요.
Owner: I am so sorry, sir. It's because our orders are backed up a lot today. Your order just left so it should be delivered right away. Please wait for only about five minutes.

5~7.

주앙: 리타오, 아까 우리가 주문한 음식 도착할 시간 되지 않았어?
Juang: Letao, shouldn't the food we've ordered been delivered by now?

리타오: 응. 그럼 내가 기숙사 밖으로 나가서 받아 가지고 올게.
Letao: Yes. I'll go outside of the dormitory and come back after receiving it.

주앙: 1층에서 기다리고 있으면 돼. 배달하시는 분이 문 앞에 도착하면 그 때 나가서 받는 거야. 결제는 했어?
Juang: You just need to wait on the first floor. When the delivery man arrives at the door, that's when you go out and receive it from him. Did you pay for it?

리타오: 응, 아까 앱으로 주문할 때 했어. 휴대 전화로 결제하니까 빠르고 간단해서 참 좋아.
Letao: Yes. I paid when I ordered it on the application. Making payments with my cell phone is fast and simple so I like it.

주앙: 그렇지. 아, 우리가 음식을 여러 종류 시켰으니까 음식을 받으면서 잘 확인해야 돼. 내가 전에 시켰던 곳에서는 치킨만 가지고 오고 음료수를 안 가지고 왔어.
Juang: That's right. Oh yeah, we ordered different kinds of foods so confirm everything when you get the food. At the last place I ordered food, they brought the chicken but not the drinks.

리타오: 응, 알겠어. 금방 갔다 올게.
Letao: Okay, I got it. I'll be right back.

- **Let's read**

<table>
<tr><th colspan="3">Hey Pizza</th><th colspan="3">Pizza Italy</th></tr>
<tr><td colspan="3">Delivery Time: Daily 11AM to 11PM
Location: Changcheon-dong, Seodaemun-gu, Seoul
Delivery distance : 1.5 km
Points: 4.1
★There is a delivery fee (3,000won) when you order a whole pizza. If you order two whole pizzas or more or order pizza and chicken together, the delivery fee is free.
★ If you order a large size pizza, we will give you a cola or sprite without charge.</td><td colspan="3">Delivery time: Daily 11:30 AM to 10:00PM
Location: Sangsu-dong, Mapo-gu, Seoul
Delivery distance: 2 km
Points: 4.3
★ Delivery available for orders over 10,000won.
Delivery fee is 1,000won.
★ Customers who have ordered from us before will receive a 20% discount coupon to use next time.</td></tr>
<tr><td colspan="3">Menu
▷ Pizza
▷ Chicken
▷ Drinks</td><td colspan="3">Menu
▷ Piza
▷ Pasta
▷ Drinks</td></tr>
<tr><td>Shopping cart</td><td>Order</td><td>Payment</td><td>Shopping cart</td><td>Order</td><td>Payment</td></tr>
</table>

Unit 16

<1> Hospital

Lesson objective: to understand the explanations of sicknesses given to friends or doctors.

Vocabulary

속 inside or stomach
붓다 to swell up
감기에 걸리다 to catch a cold
환자 patient
배탈나다 to have a stomach disorder
소화 digestion
변비 constipation
기침을 하다 to cough
열이 나다 to have a fever
넘어지다 to fall down
검사 exam
깁스를 하다 to wear a cast
짓다 to make or build
낫다 to recover or get well
차다 to be cold
심하다 to be severe
콧물이 나다 to have a runny nose

• Let's listen

1.

(1) 가: 어제 술을 마신 데다가 늦게 자서 머리가 좀 아파요.
A: I drank some alcohol last night and slept late so my head hurts a little.
나: 빨리 집에 가서 쉬어야겠네요.
B: You should go home soon and get some rest.

(2) 가: 기침을 많이 하는 데다가 열도 나요.
A: I am coughing so much and also have a fever.
나: 감기에 걸린 것 같은데요. 병원에 가 보세요.
B: I think you have caught a cold. Go to the hospital.

(3) 가: 오늘 왜 이렇게 기다리는 사람이 많아요?
A: Why are there so many people waiting today?
나: 요즘 감기가 유행인 데다가 다른 병원이 쉬는 날이라서 그래요.
B: It is because it is the cold season these days and also because the other hospital is closed today.

(4) 가: 목이 좀 아픈데 오늘 김선생님 좀 뵐 수 있나요?
A: My throat hurts a little so may I see Dr. Kim today?
나: 오늘은 예약 환자가 많은 데다가 곧 문을 닫을 시간이니까 내일 오세요.
B: There are many patients with appointments today and it's almost time to close, so please come tomorrow.

2.

저는 스키를 타다가 넘어졌습니다. 손이 아파서 장갑을 벗었는데 손이 부은 것 같았습니다. 그래서 병원에 갔는데 선생님이 검사를 한 후에 깁스를 해야 한다고 하셨습니다. 또 깁스를 한 후에는 약국에 가서 약을 지어 먹으라고 하셨습니다. 손을 사용할 수 없으니까 너무 불편합니다. 약을 먹고 빨리 손이 나았으면 좋겠습니다.

I fell while skiing. My hand was hurting so I took off my glove and it looked swollen. So, I went to the hospital and after examining it, the doctor told me I had to wear a cast. He also told me to go to the pharmacy and take the prescribed medicine after getting the cast. It's uncomfortable because I can't use my hand. I hope my hand will recover soon after taking the medicine.

3~4.

흐엉: 주앙 씨! 감기는 좀 어때요? 아직도 기침이 심해요?
Huang: Juang! How is your cold? Are your coughs still serious?

주앙: 아니요, 병원에 갔다가 와서 많이 나았어요. 기침도 별로 안 하는 데다가 목 부은 것도 괜찮아졌어요.
Juang: No, I'm much better since I went to the hospital. I'm not coughing that much and my swollen throat is better

흐엉: 지난주에 기침을 많이 해서 걱정했는데 다행이네요.
Huang: I'm so relieved. I was worried about you because you were coughing so much last week.

주앙: 흐엉 씨 말을 듣고 빨리 병원에 가길 잘 한 것 같아요. 고마워요.
Juang: I think it was good that I listened to you and went to the hospital right away. Thank you.

5~7.

의사: 어디가 안 좋으시죠?
Doctor: Where are you hurting?

유키: 요즘 배에서 소리가 나는데다가 화장실에도 자주 가요. 배도 많이 아프고요.
Yuki: My stomach is making funny sounds these days and I'm going to the bathroom often. My stomach hurts a lot as well.

의사: 혹시 찬 음식을 많이 드셨나요?
Doctor: Did you happen to eat a lot of cold foods?

유키: 네. 요즘 날씨가 너무 더워서 아이스크림하고 빙수를 자주 먹었어요.
Yuki: Yes, I do. The weather is so hot these days that I often eat ice cream and shaved ice with syrup.

의사: 음..... 어디 봅시다. (진료 중) 배탈이 난 것 같습니다. 심하지 않으니까 너무 걱정하지 마세요. 배를 따뜻하게 하고 푹 쉬셔야 빨리 나을 거예요. 약도 잘 드시고요. 혹시 약을 다 먹은 후에도 계속 아프시면 다시 병원에 오세요.
Doctor: Hm, let's see. (Giving treatment) I believe you have a stomach disorder. It's not too serious so don't worry. You'll recover soon if you keep your stomach warm and get plenty of rest. And be sure to take your medicine. If you are still in pain after you finish the medicine, come back to the hospital.

유키: 네. 선생님 감사합니다.
Yuki: Yes, Doctor. Thank you.

• Let's read

The weather is so hot these days that I've been sleeping with the air conditioner on every night. Then suddenly, my body started trembling and my throat hurt so much starting from yesterday morning. My coughing was serious, and I even had a runny nose. I thought I would get better if I took some rest, so I slept a lot. After getting up, my throat hurt even more, and I had a high fever. That's why I went to the hospital near my home. It was my first time going to a Korean hospital, so I was a bit scared and worried. There were many patients waiting to see the doctor at the hospital. While I was waiting, I thought about how I would explain my symptoms in Korean. It was my turn, so I went in to see the doctor.
The doctor kindly asked me where I was in pain and when it started and then waited for me to answer. After hearing what I said, he gave me a few tests and then told me that I had a serious cold.

He said it was probably because I slept with the air conditioner on every night. He said that I mustn't eat cold foods because my throat is swollen. The doctor told me to keep my throat warm and to take medicine for three days. Then he told me that because my cold will become more serious if I continue to sleep with the air conditioner on, I must not leave it on at night until my cold is better.

<2> Pharmacy

Lesson objective: to understand the explanations of different kinds of medicine and their effects.

Vocabulary

기침약 cough medicine 소독약 antiseptic
소화제 digestion medicine
두통 headache
두통약 headache medicine
변비약 constipation medicine
한약 herbal medicine 종합 comprehensive
감기약 cold medicine
수술을 받다 to get a surgery
바르다 to apply
입원 admittance to the hospital
평소 usually 도움 help
상처 injury or wound 다치다 to get injured
치료 treatment 알 pill
어린이 child 흔들다 to shake

• Let's listen

1.

(1) 가: 목이 좀 아픈데 집에 약이 있어?
A: My throat hurts a little but is there medicine in the house?
나: 약은 없는데 어떻게 하지? 따뜻한 차라도 한 잔 마실래?
B: There's no medicine. What shall we do? Would you at least want a warm cup of tea?

(2) 가: 배가 아파서 병원에 가 봐야겠어요.
A: My stomach hurts so I think I should go to the hospital.
나: 지금은 병원이 문을 닫았을 시간이에요. 우선 이 앞의 약국에라도 먼저 가 보세요.
B: The hospital is closed at this time. Try going to the pharmacy right in front of here for now.

(3) 가: 선생님! 목감기약을 사러 왔는데요.
A: Pharamacist, I came to buy some throat cold medicine.
나: 지금은 목감기약이 없는데요. 비슷한 종합 감기약이라도 드셔 보실래요?
B: We don't have any throat cold medicine right now. Would you like to at least take a similar comprehensive cold medicine?

(4) 가: 머리가 아파서 잠이 안 와.
A: I can't sleep because my head hurts.
나: 밖에 나가서 같이 산책이라도 좀 할까? 맑은 공기를 마시면 괜찮아질 거야.
B: Shall we go outside and take a walk together? You'll feel better if you breathe in some good air.

2.

(1) 가: 저... 많이 안 좋은가요?
A: Um, is it very bad?
나: 네, 빨리 수술을 받지 않으면 안 됩니다.
B: Yes, you must get a surgery soon.

(2) 가: 지금 약을 바를까요?
A: Should I apply the medicine now?
나: 아니요, 약을 바르기 전에 소독부터 하지 않으면 안 됩니다.
B: No, you must disinfect it before applying the medicine.

(3) 가: 스키를 타다가 넘어졌는데 다리가 많이 아파요.
A: I fell while skiing and so my leg hurts so much.
나: 생각보다 많이 다쳐서 깁스를 하지 않으면 안 되겠네요.
B: You are injured more than I thought so you must get a cast.

(4) 가: 선생님! 꼭 입원해야 하나요?
A: Doctor, must I be admitted to the hospital?
나: 네. 빨리 나으시려면 입원해서 치료를 받지 않으면 안 돼요.
B: Yes, if you want to recover quickly, you must be admitted to the hospital and receive treatment.

3~4.

존: 노라 씨! 혹시 근처에 약국이 어디 있는지 알아요? 저녁을 많이 먹었는지 소화가 잘 안돼요.
John: Nora! Do you know of any pharmacies in the area? I think I ate too much at dinner because I'm not digesting well.
노라: 지금 시간이 늦어서 문을 연 약국이 없을 것 같은데요.
Nora: I don't think there are any pharmacies that are open because it's so late right now.
존: 진짜요? 속이 너무 안 좋아서 지금 소화제를 먹지 않으면 안 될 것 같은데......
John: Really? My stomach hurts so much right now, I really need digestion medicine.
노라: 그럼 존 씨! 근처 편의점에라도 가 볼래요? 편의점 에서도 소화제를 살 수 있어요.
Nora: Okay, John! Should we go to the convenience store? You can buy digestion medicine there, too.

5~7.

약사: 어서 오세요. 어디가 불편하시죠?
Pharmacist: Welcome. Where are you feeling sick?
에릭: 제가 화장실에 못 간 지 3일쯤 되었는데 오늘 아침부터 아랫배가 너무 아파요.

Eric: It's been about three days since I couldn't use the bathroom and my lower abdomen is hurting so much since this morning.

약사: 병원에는 가 보셨어요?

Pharmacist: Have you been to the hospital?

에릭: 아직요. 일이 늦게 끝나서 오늘 같은 평일에는 병원에 갈 시간이 없어요.

Eric: Not yet. I finish work late, so I don't have time to go to the hospital on weekdays like today.

약사: 그럼 우선 이 변비약이라도 드셔 보세요. 혹시 평소에 물을 잘 안 드시나요?

Pharmacist: Then at least take this constipation medicine. Do you usually not drink a lot of water?

에릭: 네. 별로 안 마시는데요.

Eric: No, I don't.

약사: 변비가 심할 때는 물을 많이 드시지 않으면 안돼요. 그리고 채소나 과일을 많이 드시는 것도 변비에 도움이 되니까 날마다 드세요. 이 약을 먹은 후에도 변비가 심하면 병원에 가 보세요.

Pharmacist: When you have serious constipation, you need to drink plenty of water. Eating vegetables and fruits helps with the constipation as well so eat them every day. If your constipation is serious even after taking this medicine, go to the hospital.

- **Let's read**

When you suddenly became sick on a day you were not at work or perhaps late at night, you were very worried, weren't you? When you can't go to a hospital, shouldn't you at least take some medicine? All the medicine you might need in an emergency is included in this box, so you can easily take care of your sicknesses if you have this.	
Do you feel discomfort in your stomach because you ate too much? Just take this medicine when your stomach feels uncomfortable or when you can't digest well. ※ Take this medicine 30 minutes after a meal.	Do you just apply medicine to your child who is injured after a fall during playtime? Even with small injuries, you must disinfect the area first. Disinfect the injured area first and then apply the medicine so the wound does not become more serious. ※ You just need to apply it on the injured area once or twice.
Are you not able to sleep at night because your head hurts so much? Are you having a hard time working or studying because of your headache? If you are a person like that, you need this medicine. ※ You must not take more than three pills a day.	Are you very worried when your child has a cold with a fever as well as a severe cough? At that time, it is good to take this medicine. ※ The medicine on the bottom must mix well so you must shake it well before taking it.

Unit 15 - Unit 16 Review

Unit 15 – Unit 16 Vocabulary

훌륭하다 to be excellent or superb
주차장 parking lot　　무리하다 to overdo

I.

직원: 네, 여보세요. 레스토랑 스텔라입니다.

Worker: Hello. This is Restaurant Stella.

노라: 안녕하세요. 중요한 약속이 있어서 예약 좀 하려고 하는데요.

Nora: Hello. I have an important appointment, so I would like to make a reservation.

직원: 언제로 예약해 드릴까요?

Worker: When would you like to make the reservation?

노라: 토요일 점심에 4명이요. 제 이름은 노라이고요. 지난번에 앉았던 창가 자리에 다시 앉고 싶은데 예약이 될까요?

Nora: Lunch on Saturday for four people, please. My name is Nora. I'd like to sit next to the windows like last time so may I make the reservation?

직원: 창가 자리는 인기가 많기 때문에 주말에는 2주일 전에 예약하지 않으면 안 됩니다. 이번 토요일은 제일 안쪽자리만 있습니다. 그 자리라도 예약 해 드릴까요?

Worker: The window seats are very popular on the weekends, so you can only reserve them two weeks before the date. The only available seating for this Saturday is in the inner section. Would you like to at least reserve those seats?

노라: 그래요? 그럼 그 자리라도 예약해 주세요.

Nora: Really? Then please at least reserve those seats for me.

직원: 네. 알겠습니다. 이번 토요일 1시에 4분 예약되셨습니다. 혹시 차를 가지고 오시나요?

Worker: Okay, ma'am. You are reserved for four people at 1 o'clock this Saturday. Will you be bringing your car?

노라: 네. 차를 가지고 가려고 하는데요.
Nora: Yes, I plan on driving there.

직원: 저희 주차장이 좁은데다가 근처 교통이 복잡해요. 도착하시면 저희 직원에게 주차해 달라고 이야기해 주세요. 그럼 직원이 나가서 주차를 도와 드릴 거예요.
Worker: Our parking lot is small, and the transportation nearby is complicated. Please request for one of our workers to park your car for you when you arrive. Then our worker will go out and park your car for you.

II.
I went to a restaurant with my friends the other night. The atmosphere was great and their food was so delicious that I ate more than I usually did. But after eating, I didn't feel very good and my stomach started to hurt. My friends were fine and only my stomach hurt so much. I went to the bathroom several times and I continued to feel discomfort in my stomach. I took some medicine but still felt pain, so I visited the hospital that I went to when I caught a cold last time.
After waiting a little at the hospital, I met the doctor. The doctor asked me to tell him when it started hurting and how it hurt. He told me that I had a severe case of stomach disorder and that I had to be careful of what I was eating if I wanted to get better soon. He also told me not to overdo myself because it is important to get some rest. He told me to take the medicine well.
I can't sleep well because my stomach hurts, and I am going to the bathroom so often so I'm having a hard time. I hope I can get better soon after taking all my medicine.

Korean Culture: Medicine you can buy at the convenience store

Are you only able to buy medicine at the pharmacy? These days, you can also buy medicine at the convenience store. When it's late at night or a weekend when the pharmacy is closed, you can find all kinds of medicine you need at the convenience store such as painkillers, digestion medicine, pain relief patches, fever medicine, and cold medicine. However, if you take too much medicine, a problem can arise, so you must not buy several of the same medicine at one time. Try using the convenience store to get your medicine when you urgently need it.

Unit 17

<1> Introducing My Hobby

Lesson objective: to understand the introductions of various hobbies.

Vocabulary

코미디 comedy	액션 action
공포 horror	공상 과학 science fiction
웃다 to laugh	미래 future
세상 world	로맨틱하다 to be romantic
장면 scene	거의 almost or hardly
이상하다 to be strange	볼링 bowling
즐기다 to enjoy or have a good time	
세 years old	결과 result
등 etc.	이후 after
드라마 drama	

• Let's listen

1.

(1) 노래를 못해도 노래방에 가는 걸 좋아해요.
Although I can't sing, I like going to the noraebang.

(2) 날마다 연습해도 테니스를 잘 못 치겠어요.
Although I practice every day, I can't play tennis very well.

(3) 무서워도 재미있어서 공포 영화를 자주 봐요.
Although horror movies are scary, I watch them often because they are fun.

(4) 한국 영화를 보고 싶어도 우리 나라 영화관에서는 한국 영화를 거의 볼 수 없어요.
Even though I want to watch Korean movies, I can hardly see them in movie theaters in my country.

2.

우리 언니의 취미는 노래방에 가는 거예요. 제가 아는 사람 중에 언니만큼 노래를 잘 부르는 사람이 없어요. 춤도 언니만큼 잘 추는 사람을 못 봤어요. 언니는 노래방에서 가끔 한국 노래도 부르는데 한국어 발음이 이상해서 우리 나라 노래만큼 잘 부르지는 못 해요. 언니는 한국 영화 보는 것도 좋아해요. 우리 언니만큼 한국 영화를 많이 본 사람은 없을 거예요.
My older sister's hobby is going to the noraebang. Among all the people I know, there isn't anyone who sings as well as my sister. I've never seen anyone who dances as well as her, either. My sister occasionally sings Korean songs at the noraebang but because her Korean prounranciation is a bit strange, she can't sing them as well as she would sing a song from our country. My sister also likes to watch Korean movies. I'm sure there isn't anyone who has watched as many Korean movies as her.

3~4.

흐엉: 에릭 씨는 취미가 뭐예요?

Huang: Eric, what is your hobby?

에릭: 저는 볼링을 좋아해서 친구들하고 볼링장에 자주 가요. 일이 많아도 일주일에 한 번은 꼭 가요. 흐엉 씨는요?

Eric: I like bowling, so I often go bowling with my friends. Even if I have a lot to do, I go at least once a week. What about you, Huang?

흐엉: 저는 요리를 좋아해요. 저만큼 베트남 요리를 맛있게 만드는 사람은 없을 거예요. (웃음)

Huang: I like cooking. I'm sure there isn't anyone who is as good at making Vietnamese food as me (lauging).

에릭: 그래요? 한 번 먹어보고 싶은데요.

Eric: Really? I'd like to eat some of your food.

5~7.

올리비아: 레오 씨, 취미가 뭐예요?

Olivia: Leo, what is your hobby?

레오: 저는 여행을 좋아해요. 여행을 하면 많은 경험을 할 수 있어서 좋아요.

Leo: I like travelling. I like it because I can experience so many things.

올리비아: 그럼 한국에서도 여행을 많이 하셨나요?

Olivia: Then have you done a lot of traveling in Korea?

레오: 네, 외국 사람 중에 저만큼 여행을 많이 한 사람이 없을 거예요. 한국에서 유명한 곳은 다 가 봤어요. 올리비아 씨도 여행을 좋아하세요?

Leo: Yes, there is probably no other foreigner who has travelled as much as me. I've been to all the famous places in Korea. Do you like to travel, too, Olivia?

올리비아: 네, 저도 취미가 여행이에요. 사진 찍는 것도 좋아해서 여행을 가면 사진을 많이 찍어요. 하지만 한국에서는 바빠서 많이 못 했어요.

Olivia: Yes, my hobby is travelling as well. I also like taking photos, so I take lots of pictures when I go on trips. But because I was so busy, I wasn't able to travel much in Korea.

레오: 바빠도 취미 생활을 즐기세요. 다음에 시간이 되면 친구들과 함께 여행을 갑시다.

Leo: Even if you're busy, you should still enjoy your hobbies. Next time let's go on a trip together with our friends.

- **Let's read**

What do most Korean people like to do for a hobby? These are the results after asking 3,000 people from the ages of 15-60, both male and female.
There was no other hobby than hiking (14%) that was as popular for Korean people. However, the people in their twenties enjoyed listening to music a lot. And they watch movies as much as they listen to music.
People over 40 enjoy hiking as their hobby the most while people in their 20's enjoy listening to music the most. But for those in their 20's, they watch movies as much as they listen to music.
They say that when they are alone, they listen to music a lot and when they are with friends, they watch a lot of movies.
Then what kind of movies do Koreans like?
The movie genre that Koreans like the most is action movies (26%). Twenty percent like sciene fiction, 12% like drama, and 10% prefer romantic comedies.
Men of all ages like action movies the most and watch them often. Action movies were also the favorite for women. Although most women like action movies, teenagers liked romantic comedies more than action.

<2> Hobby Activities

Lesson objective: to understand the explanations of hobby activities.

Vocabulary

동전 copper coin	당구 billiards
연극 play	피아노 piano
강아지 puppy	우표 stamp
드럼 drum	키우다 to raise
모으다 to collect	잡다 to catch
소파 sofa	책장 bookshelf
밴드 band	모습 appearance
악기 musical instrument	펜팔 penpal
옛날 long ago	

- **Let's listen**

1.

저는 운동을 좋아해요. 특히 탁구와 테니스를 자주 쳐요. 고향에 있을 때부터 탁구는 칠 줄 알았는데 테니스는 칠 줄 몰랐어요. 하지만 한국에 와서 테니스를 배워서 이젠 잘 칠 수 있게 됐어요. 낚시도 잘 하는데 잡은 생선으로 요리를 할 줄은 몰라요. 그리고 아직 스키를 탈 줄 몰라요. 하지만 제 친한 친구가 스키를 잘 타서 이번 겨울에 저에게 가르쳐 줄 거예요.

I like to exercise. I especially play table tennis and tennis often. Ever since I was in my hometown, I knew how to play table tennis but didn't know how to play tennis. Then I learned how to play tennis when I came to Korea so now I can play well. I am good at fishing as well, but I don't know how to cook the fish I catch. I still don't know how to ski but I have a close friend who is good at skiing, and he will teach me how to ski this winter.

2.

여기는 우리 집 거실이에요. 거실에 누나가 학생 때 취미로 치던 피아노가 있어요. 피아노 옆에는 형과 제가 어렸을 때 가지고 놀던 게임들이 많이 있고요. 소파에는 제가 그때 읽던 만화책이 있네요. 그 앞에는 어머니께서 드시던 커피도 있고요. 책장에는 아버지께서 여행을 하면서 모으신 동전 상자가 있어요. 책장 앞에 있는 강아지는 할머니께서 키우시던 강아지인데 지금은 우리 집에서 살아요.

This is the living room in my house. There is a piano that my sister used to play as a hobby when she was student in the living room. Next to the piano are the many games that my older brother and I used to play when we were young. On the sofa I see the comic books I used to read back then. In front of the sofa is the coffee my mother was drinking. On the bookshelf is the box of coins that my father collected as he travelled. In front of the bookshelf is a puppy that my grandmother used to raise. The puppy is now living at our house.

3~4.

우진: 에릭 씨, 퇴근 후에 당구 치러 갈래요?

Woojin: Eric, do you want to play billiards after work?

에릭: 당구요? 우진 씨 미안하지만 저는 당구를 칠 줄 모르는데요.

Eric: Billiards? I'm sorry, Woojin, but I don't know how to play.

우진: 그래요? 그럼 무슨 운동을 좋아하세요?

Woojin: Really? Then what sport do you like?

에릭: 미국에 있을 때 자주 하던 운동은 농구인데요, 요즘은 볼링을 자주 쳐요. 우진 씨도 농구나 볼링을 좋아하세요?

Eric: Basketball is the sport I oftentimes used to play when I was in America, but nowadays I often go bowling. Woojin, do you like to play basketball or go bowling?

우진: 둘 다 잘 하지는 못하지만 할 줄은 알아요. 그럼 오늘은 볼링을 치러 갈까요?

Woojin: I'm not good at either one of them but I do know how to play. Then shall we go bowling today?

5~7.

하늘: 주앙아, 사진에서 드럼 치는 이 남자가 너야?

Haneul: Juang, is this man playing the drums in the picture you?

주앙: 응, 하늘아. 나 고등학교 때 학교 밴드에서 드럼 쳤어. 이 사진은 내가 드럼 치던 모습을 찍은 거고.

Juang: Yes, Haneul, I played the drums for the school band when I was in high school. This is a picture of me playing the drums.

하늘: 와, 멋있다. 드럼도 칠 줄 알고…

Haneul: Wow, that is so cool. You even know how to play the drums...

주앙: 지금도 가끔 치는데 드럼을 치면 기분이 좋아지는 것 같아. 너는 할 줄 아는 악기가 없어?

Juang: I sometimes play the drums even now, and when I do, I think it makes me feel better. Do you have an instrument you know how to play?

하늘: 초등학교 때 피아노를 조금 배웠지만 별로 잘 치지는 못해. 나도 드럼 칠 줄 알면 좋겠는데…

Haneul: I learned how to play the piano when I was in elementary school but I'm not that good. I wish I could play the drums, too.

주앙: 그럼 나한테 배울래?

Juang: Then do you want to learn from me?

- **Let's read**

Q: Hello? I am a foreign student studying Korean in Korea. I'm not that good in Korean so is there any hobby that can help me learn Korean?
It would be great if it was free since I am an overseas student.
A: Hello. I've been in Korea for five years. Let me tell you the things I frequently did when I first came to Korea. These are hobbies that you can easily do and have fun doing even if you don't speak Korean well.

1. Penpals with a Korean friend
Penpalling used to be done by writing letters or through email but these days having a penpal is made easier and more convenient through a mobile application or SNS. You can make friends and learn more about the Korean language or culture if you have a penpal.

2. Beautiful letter writing
Writing beautiful letters by hand can also be a good hobby. Writing is about making a design, so it is fine even if you don't know Korean that well. You only need paper and a pen to do this and since you will be writing a lot of Korean, it is helpful to your Korean studies.

3. Writing a blog
Do you know how to make your own blog? If so, then create a blog in Korean. If you write about your life in Korea on your blog like a diary, it will be a tremendous help to your Korean studies. If you also upload pictures on your blog, you can remember all the food you enjoyed and the places you visited often after you have returned to your hometown.

Unit 18

<1> Vacation plans

Lesson objective: to understand the content of making vacation and travel plans.

Vocabulary

벌다 to make or earn (money)
취소하다 to cancel 연기하다 to postpone
학원 academy 낮 daytime
쌓다 to accumulate or gain
케이티엑스 KTX(Korea Train eXpress)
순서대로 in order 계획대로 as planned
게으르다 to be lazy 도전하다 to challenge

• Let's listen

1.

1) 이번 주에 에릭 씨가 저녁 먹자고 하는데 무슨 요일이 좋아요?
Eric is saying for us to eat dinner together this week so what day would be good?

2) 우리 이번 방학에 부산에 갈까요? 여수에 갈까요?
Shall we go to Busan during this vacation? Shall we go to Yeosu?

3) 하늘 씨, 이번 방학에 무슨 아르바이트를 할 계획이에요?
Haneul, what kind of part-time job are you planning to get this vacation?

4) 저 도서관에 가고 싶은데 그냥 들어갈 수 있나요?
I would like to go to the library but am I allowed to just enter?

2.

존: 유키 씨, 이제 방학인데 뭘 할 거예요? 다른 친구들은 무슨 계획이 있는지 알아요?
John: Yuki, now that it's vacation time, what are you going to do? Do you know what other people are planning to do?
유키: 저는 방학 동안 한국 요리를 배울 계획이에요. 오늘 요리 학원에 등록했어요. 리타오 씨는 어제 이미 고향에 돌아갔던데요. 고향에서 가족과 즐거운 시간을 보내고 있을 거예요. 노라 씨는 오늘 낮에 봤는데 도서관에 가던데요. 방학 동안 한국어를 더 공부할 계획이라고 해요. 주앙 씨는 돈도 벌고 경험도 쌓으려고 아르바이트를 할 거라고 하던데요. 내일부터 식당에서 일을 시작한다고 했어요.
Yuki: I'm planning on learning how to cook Korean food this vacation. I registered at a cooking academy today. I heard that Leo already returned to his hometown yesterday. I think he is having a good time with his family in his hometown. I saw Nora this afternoon and she went to the library. She said she plans on studying Korean during the break. Juang said that he would get a part-time job to make some money and gain some experience. He said he would start working at a restaurant from tomorrow.

3~4.

에릭: 올리비아 씨, 경주를 여행해 본 적이 있어요?
Eric: Olivia, have you ever travelled to Gyeongju?
올리비아: 네, 지난 가을에 다녀왔어요. 케이티엑스(KTX)를 타고 다녀왔는데 빠르고 편하던데요. 역사 도시여서 구경거리도 많았어요.
Olivia: Yes, I visited last fall. I went and returned by KTX which was fast and comfortable. Since it was a historical city, there were many things to see.
에릭: 이번 휴가 때 경주에 다녀올까 해요. 미리 교통편과 호텔도 알아보려고요.
Eric: I'm thinking about visiting Gyeongju during my upcoming break. I plan on looking into transportation and a hotel ahead of time.
올리비아: 아직 휴가까지 시간이 많이 남았는데 벌써 계획을 세우는 거예요?
Olivia: There is still so much time before the break but you're already making plans?
에릭: 저는 무슨 일이든지 미리 계획을 세워요. 계획을 세우고 순서대로 하면 마음이 급하지 않고 시간을 잘 쓸 수 있던데요.
Eric: I make plans ahead of time no matter what it is. If I make plans and follow them in order, I don't feel rushed and I'm able to use my time wisely.

5~7.

흐엉: 오랜만에 친구들과 함께 가는 여행이니까 계획을 세워서 많은 것을 해야겠어요. 제주도에 가서 뭐부터 할까요?
Huang: Since we haven't been on a trip with friends in a long time, we should make some plans to do a lot of things. What should we do first in Jeju Island?
주앙: 흐엉 씨는 무슨 일이든지 계획부터 세우는 것 같아요. 비행기 표와 호텔만 예약하고 가면 되지 않을까요? 여행은 계획 없이 가서 하고 싶은 것을 할 때 더 재미있던데요.
Juang: I think you make plans for everything. Won't it be good enough to reserve plane tickets and hotel rooms? It's more fun to travel without plans and just do what you want to do when you get there.
흐엉: 전 계획을 세우면 똑같은 시간에 더 많은 것을 할 수 있어서 좋던데요. 여행 가서 뭘 할지 생각할 시간에 조금 더 많은 경험을 해보는 것이 좋지요.
Huang: When I make plans, I like it because we can do much more in the same amount of time. It would be good to experience doing a lot more things during the time we would spend thinking of what to do when we get there.

주앙: 그렇게 계획을 세웠다가 계획대로 안 되면 스트레스 받지 않아요? 그럴 때 저는 좀 피곤하던데요. 갑자기 하고 싶은 일이 있을 수도 있고 쉬고 싶을 때도 있으니까요.

Juang: Don't you get stressed if things don't turn out the way you planned? I feel even more tired when that happens. And there are times when you suddenly feel like doing something and times when you just want to rest.

흐엉: 그럼 계획을 바꾸면 돼요. 그렇게 스트레스 받을 필요 없어요.

Huang: Then we can just change our plans. There is no need to get stressed.

주앙: 그래요. 그럼 같이 여행 계획을 세워 봐요. 제주도 여행 사이트부터 한번 볼까요?

Juang: Okay, then. Let's try making some plans together. Should we look at a Jeju Island Travel site?

- **Let's read**

Q: I am a new student to the university this year. This is my first summer vacation and I'm not sure what I should do. I would like to hear about the experiences of my seniors. What do you think I should do during this long vacation period?

Senior 1: Now that I think about my first year's summer vacation, I don't think I had any plans. I didn't do anything and was very lazy. That is why when the vacation was over, there was nothing to remember. What about making some plans to get a part-time job or learn how to drive at a driving academy? Whatever it is, try making some plans and start with the important things. Try making some money and gaining some experience. I'm sure it'll be a memorable vacation.
Senior 2: Since your first year in college isn't so busy, why don't you try doing the things that you've always wanted? After some time, you'll have to study and get ready to work at a job so you won't have any time to rest during your vacations. Since the summer vacation during your first year is the most leisurely, why not make some travel plans or challenge yourself to do something you've been wanting to do?

<2> Plans after graduation

Lesson objective: to understand the content of plans after graduation or future marriage plans.

Vocabulary

결정하다 **to decide**
유학하다 **to study abroad**
출국하다 **to depart from a country**
사업을 하다 **to do business**
한 **about**
정도 **around**
관계 **relationship**
걱정이 되다 **to be worried**
증권사 **securities company**
매주 **every week**

- **Let's listen**

1.

(1) 다른 외국어도 할 수 있어요?
Can you also speak another foreign language?

(2) 대학원 입학 서류는 다 준비 했어요?
Have you prepared all your documents for entry to graduate school?

(3) 영국으로 언제 유학을 가세요?
When are you going to England to study abroad?

(4) 계획을 세우는데 시간이 얼마나 걸려요?
How long do you think it will take to make a plan?

2.

(1) 리타오: 저는 이번 방학에 편의점에서 아르바이트를 하려고 해요.
Letao: I'm planning on working a part-time job at the convenience store during the upcoming vacation.
유키: 저는 리타오 씨가 고향에 돌아갈 줄 알았어요.
Yuki: I thought you were going to go back to your hometown.

(2) 레오: 노라 씨, 대학원 입학 준비는 잘 하고 있어요?
Leo: Nora, how are your preparations coming along with your entrance to graduate school?
노라: 저는 서류 준비하는 일은 쉬울 줄 알았어요. 그런데 생각보다 오래 걸리고 힘드네요.
Nora: I thought preparing the documents was going to be easy but it's taking longer than I thought and more difficult than I imagined.

(3) 하늘: 존, 한국어 시험 잘 봤어? 많이 어려웠지?
Haneul: John, did you do well on your Korean exam? Wasn't it very difficult?
존: 어려울 줄 알았는데 생각보다 쉬워서 잘 본 것 같아.
John: I thought it would be hard, but it was easier than I thought so I think I did well.

(4) 존: 윤아 씨가 내년에 졸업하고 유학을 간다고 하던데요.
John: Yuna said that she would graduate next year and go overseas to study.
올리비아: 진짜요? 난 윤아 씨가 회사에서 일할 줄 알았는데요.
Olivia: Really? I thought Yuna would work at a company.

3~4.

부장: 김우진 씨, 결혼 준비는 잘 하고 있어요?
Manager: Woojin Kim, are your wedding preparations coming along well?

우진: 네, 부장님. 결혼식까지 두 달밖에 안 남았는데 어디에서 살지 아직 결정하지 못했습니다. 신혼여행도 어디로 갈지 아직 생각 중이에요.

Woojin: Yes, sir. There are only two more months until my wedding and I still haven't decided where we would live. I'm also still thinking about where to go for the honeymoon.

부장: 할 일이 많으니까 마음이 급해지지요? 요즘 사람들은 계획표를 만들어서 준비하던데요. 우진 씨도 만들었나요? 두 달이나 남았으니까 너무 걱정하지 마세요.

Supervisor: You feel a bit rushed because there is so much to do, right? Nowadays people make a schedule and prepare with that. Have you made one as well? You still have two months so don't worry too much.

우진: 부장님, 감사합니다. 금방 준비 할 수 있을 줄 알았는데 생각보다 오래 걸리는 것 같아요. 저도 계획표부터 만들고 하나하나 끝내야겠습니다.

Woojin: Thank you, sir. I thought I would prepare everything quickly but it's taking longer that I thought. I should start by making a time schedule and do things one by one.

5~7.

존: 윤아야, 졸업하고 뭘 할 계획이야?

John: Yuna, what is your plan for after graduation?

윤아: 아직 결정하지 못했어. 유학을 갈까 대학원에 들어갈까 회사에서 일할까 날마다 생각이 달라져. 존, 너는 무슨 계획이 있어?

Yuna: I still haven't decided yet. My thoughts change every day to whether I should study abroad, go to graduate school, or work at a company. John, do you have any plans?

존: 나도 아직 모르겠어. 한국어를 더 공부하고도 싶고, 한국과 관계있는 일을 하고도 싶어. 나도 졸업이 1년밖에 안 남아서 걱정이 돼.

John: I'm not sure either. I want to study Korean more and I also want to do work related to Korea. I'm worried because I only have one more year left before graduation.

윤아: 그럼 대학원에서 한국어 공부를 더 하고 회사에서 일하면 어때?

Yuna: Then why not study Korean more in graduate school and then get a job after that?

존: 그것도 좋은 생각이다. 그런데 참 시간이 빨리 가는 것 같아. 나는 한국에 혼자 유학 와서 외로우니까 시간이 천천히 갈 줄 알았어.

John: That's a good idea, too. But how the time seems to really fly by! Since I came to Korea to study by myself, I thought the time would go by slowly because I was lonely.

윤아: 시간 참 빠르지. 나도 앞으로 무엇을 할지 빨리 결정하고 계획을 세워야겠어.

Yuna: Yes, the time does fly. I'd better decide quickly what I should do in the future and make some plans.

- **Let's read**

I have about one year left until my college graduation. However, I am still undecided about what to do in the future. There are so many things that I want to do that I'm still thinking about what to do first.
I'm studying economics and I'd like to work at a bank or security corporation while gaining a lot of different experiences and making a lot of money.
I think it's a good idea to save some money and travel to different countries whenever I have a holiday.
But I also have the desire to study economics a little more in detail in graduate school. If I want to get admitted to graduate school, I have to study hard and be better in English and Korean. I've been doing a language exchange with a friend from America every week since last year. I thought that it would be difficult to study two languages but I'm having more fun than I thought.
Finally, I also have a hobby of baking, and I have a dream to go to France and learn baking. After that, I want to go back to my hometown and open up a bakery that sells the best bread in the world.
I have so many things to do and I haven't decided yet what to do first. I will plan to try one by one in the future.

Unit 17 - Unit 18 Review

Unit 17 – Unit 18 Vocabulary

성공하다 to succeed　　항상 always

I.

Leo's Life in Korea ((a))

1. Diligently studying Korean!

I will diligently study Korean so I can speak as well as a Korean. Later on, I will open up "Leo's French Cooking School" and teach French cooking to Korean people so I have to be fluent in Korean.

2. Diligently practice cooking, too!

I will diligently practice my cooking so I don't forget the methods of delicious cooking I learned at a French restaurant. I will also work hard at learning Korean cooking and practice that so I can do well. If I only know French cooking, then I can't succeed in Korea!

3. Always stay with my family!

People think that if a person has success, his whole family will also be happy. However, my success and my family's happiness are different. For the happiness of the family, I will be with my family in any situation and enjoy hobbies together.

Even when it's hard, I will always ______(b)________.

II.

유키: 흐엉 씨, 취미가 뭐예요?

Yuki: Huang, what is your hobby?

흐엉: 저는 영화 보는 걸 좋아해요. 영화 보는 것만큼 요리하는 것도 좋아하고요. 유키 씨는요?

Huang: I like watching movies. I also like cooking as much as I like watching movies. What about you, Yuki?

유키: 저도 요리를 좋아해요. 그래서 한국 요리를 배워 보려고 하는데 흐엉 씨는 한국 요리를 할 줄 알아요?

Yuki: I also like to cook. That is why I'm trying to learn how to cook Korean food. Huang, do you know how to cook Korean food?

흐엉: 아니요, 저는 베트남 요리밖에 안 해 봤어요. 레오 씨가 요리사라서 한국 요리도 잘 하던데요.

Huang: No, I have only tried cooking Vietnamese food. Because Leo is a chef, he cooks Korean dishes well.

유키: 그래요? 레오 씨는 프랑스 요리사여서 프랑스 요리만 잘 하는 줄 알았어요.

Yuki: Really? Leo is a French chef, so I thought he was good at only cooking French food.

흐엉: 전에 레오 씨가 요리를 배우고 싶으면 언제든지 부탁하라고 했어요. 레오 씨한테 부탁해 보세요.

Huang: Leo told me before that if I wanted to learn how to cook, I could ask him at any time. Why don't you ask Leo for help?

유키: 오후에 레스토랑에서 일한다고 들었는데 바쁘지 않을까요?

Yuki: I heard that he works at a restaurant in the afternoon so won't he be busy?

흐엉: 바빠도 도와줄 거예요. 레오 씨는 한국말로 요리 가르쳐 주는 걸 좋아하던데요. 나중에 한국 사람들에게 프랑스 요리를 가르쳐 주려고 한국말로 요리 가르치는 걸 연습하고 있어요.

Huang: He'll help you even if he's busy. I heard he likes teaching how to cook in Korean. He is practicing teaching how to cook in Korean because he plans on teaching Korean people how to cook French food.

Korean Culture: Korea's Blockbuster Movies

In Korea, if a movie had an audience of over 10 million people, it is considered to have been a great show. Until 2017, there were a total of 15 movies that exceeded an audience of 10 million people. Among these successful shows, the movies with historical background made up the most number, namely 명량 (ROARING CURRENTS, 2014), 암살 (Assassination, 2015), 태극기 휘날리며(TaeGukGi: Brotherhood Of War, 2003). There were also many other movies about love between family members (7번 방의 선물 (Miracle in Cell No.7, 2012) and 해운대 (Haeundae, 2009)) and societal issues (베테랑 (Veteran, 2015) and 택시 운전사(A Taxi Driver, 2017).

Unit 19

<1> Hotel Reservations

Lesson objective: to understand the content and description of reservations for accommodations.

Vocabulary

주변 nearby

여행지 travel destination 여행 기간 travel period

-박 -일 _days and _ nights

숙박 시설 accommodations

교통편 transportation	회비 fee
바비큐 barbeque	이용하다 to use
전망 view	해변 seashore or beach
요금 charge or rate	여행 일정 itinerary
체크인 check-in	체크아웃 check-out
프런트 front desk	렌터카 rental car
기념품 souvenir	

• Let's listen

1.

가: 우리 동아리 여름 여행이 8월로 결정됐어.

A: It's been decided that our club's summer trip will be in August.

나: 그래? 며칠이나 가?

B: Really? For how many days will we go?

가: 1박 2일로 갈 거야.

A: We'll go for 2 days and 1 night.

나: 동아리 사람들은 몇 명이나 간다고 해?

B: How many people in our club said they were going?

가: 스무 명쯤 간다고 했어.

A: About twenty people said they would go.

나: 그럼 방은 몇 개나 필요할까?

B: Then how many rooms do we need?

가: 4명이 한 방에 자면 될 것 같은데. 5개 예약하려고 해.

A: I think four people in a room would work fine. I'm thinking about reserving five rooms.

나: 회비는 얼마나 준비해야 돼?

B: How much should I prepare for the fees?

가: 한 사람이 한 5만원 정도 내면 될 것 같아.

A: I think it will be fine if each person pays about 50,000won.

2.

방학에 여행을 갈 생각을 하시는 분들이 많지요? 여행을 떠나기 전에 계획을 잘 세워 보세요. 즐겁고 편한 여행이 될 거예요. 우선 여행할 곳을 결정한 뒤에 얼마 동안 여행할지 생각해 보세요. 기간을 결정한 뒤에 숙박 시설을 알아보세요. 숙박 시설을 고른 뒤에는 교통편을 결정하세요. 그런데 저는 숙박 시설과 교통편을 알아보기 전에 인터넷에서 사람들이 쓴 글을 많이 읽어 봐요. 호텔이나 기차, 버스를 결정할 때 도움이 되니까요.
There are many people thinking about travelling during the vacation. Make good plans before you go off to travel. It will be an enjoyable and comfortable trip. First, after deciding on the place you will travel to, think about how long your trip will be. After deciding on the length of time, look into accommodations. When you have chosen your accommodations, decide on your transportation. But before searching for accommodations and transportation, I do a lot of reading of what people write about on the internet. That is because it helps me decide on the hotel, train, or bus.

3~4.

직원: 네, 바다 펜션입니다.
Worker: Hello, this is the Ocean Pension.

윤아: 다음 주 금요일에 예약한 이윤아라고 하는데요, 예약이 잘 되었는지 확인을 좀 하려고요.
Yuna: This is Yuna. I made reservations for next Friday and I'd like to confirm my reservation, please.

직원: 네, 이윤아 고객님. 금요일 1박, 방 두 개 예약하셨네요. 그리고 저녁에 바비큐도 예약하셨는데 고기는 몇 인분이나 준비해 드릴까요?
Worker: Yes, Yuna. You've reserved two rooms for one night on Friday. You've also reserved the barbeque for dinner but how many people should we prepare for?

윤아: 4인분 준비해 주세요. 그런데 저녁에 바비큐를 한 뒤에 수영장을 이용할 수 있나요?
Yuna: Please prepare for four people. May we use the swimming pool after the barbeque dinner?

직원: 죄송합니다만 수영장 이용은 저녁 8시까지입니다.
Worker: I'm sorry but the swimming pool is open until 8 o'clock PM.

5~7.

존: 그럼 우리 3박 4일로 결정한 거지? 이제 숙박할 곳을 알아보자. 하늘이 너는 어디가 좋아?
John: So, we've decided on four days and three nights, right? Now let's find out about a place to lodge. Haneul, what do you think is a good place?

하늘: 전에 내가 가족들하고 갔던 호텔이 있는데 전망도 좋은 데다가 해변이 가까워서 좋았어.
Haneul: There is a hotel that my family and I stayed at before. It was nice because the view was nice and it was close to the sea.

존: 그래? 그럼 그 호텔 이름을 좀 알려 줘. 요금은 얼마나 할까? 한번 검색해 보자. (잠시 후) 음, 요금이 너무 비싸다.
John: Really? Then tell me the name of the hotel. How much do you think the room rate is? Let's try searching it. (a little later) Hm, the rate is too expensive.

하늘: 그래? 이렇게 비쌀 줄 몰랐는데. 그럼 게스트 하우스는 어때? 여행 갔다 온 친구가 좋다고 하던데. 게스트 하우스는 값도 싸고 여행을 온 다른 사람들도 사귈 수 있어서 좋다고 해.
Haneul: Really? I didn't know it would be that expensive. Then how about a guest house? A friend who went on a trip there said that it was good. The rate is cheap and it's nice because we can get to know other people who are travelling, too.

존: 그럼 괜찮은 게스트 하우스가 있는지 좀 찾아보자. 잘 곳을 결정한 뒤에 기차표도 예매해야 돼.
John: Then let's look for a nice guesthouse. After deciding on where we will sleep, we should reserve our train tickets.

- **Let's read**

hotels.net

Jeju Island
Check-in August 12, 20__.
Check-out August 13, 20__ (one night)
Search

Jeju Y Hotel
Rate: starting from 178,000 KRW
Check-in time: 14:00-23:00, Check out-time 11:00
Internet: free wifi
Meals: There are three restaurants and one coffee shop in the hotel
Facilities: You can use the swimming pool 24 hours a day. You can rent the conference room if you register ahead of time.
Services: The front desk will give you information on tours or rental cars. We also have laundry service and free newspaper services.

rie_90 It was easy to find the hotel from the airport and it was easy to get from the hotel to any tourist site. I didn't like the building because it was old but the beach in front of the hotel was so beautiful that I often took walks outside after my meals.
ys1223 This is a very nice place to stay with your children. My kids loved it because the swimming pool was large. But the pool water was so cold and that wasn't so great.
Jejusarang I wanted to rent a car and the worker kindly guided me through it. He even told me where to buy souvenirs. Thank you very much. Next time, I'll be at the Y Hotel again.

Click here to view other hotels.

<2> Places you want to travel to

Lesson objective: to understand the content of sharing travel destinations and recommendations of good places to go.

Vocabulary

수학여행 **school trip**	단체 관광 **group tour**
해외여행 **overseas trip**	유물 **relic**
가이드 **tour guide**	오페라하우스 **Opera House**
국립 **National**	전주 **Jeonju**
한옥 마을 **Hanok Village**	볼거리 **things to see**
먹을거리 **things to eat**	교통수단 **transportation**
야경 **night view**	마을 **village**
편안하다 **to be comfortable**	
항공권 **airline ticket**	

- **Let's listen**

1.

(1) 부산에 가자마자 바닷가에 갈 거예요.
I'll go to the beach as soon as I get to Busan.

(2) 제주 공항에 도착하자마자 차를 빌리려고 합니다.
I plan on renting a car as soon as I arrive at the Jeju airport.

(3) 시내 관광이 끝나자마자 맛있는 식당에 찾아갈 거예요.
We'll go to a delicious restaurant as soon as the city tour ends.

(4) 신혼여행에서 돌아오자마자 회사에 갔어요.
I went to work as soon as I returned from my honeymoon.

2.

윤아: 주앙 씨, 방학이 되면 뭘 할 거예요?
Yuna: Juang, what will you do when the vacation starts?

주앙: 친구들과 같이 여행을 갈 거예요. 유명한 관광지를 구경하기로 했어요. 호텔에서 쉬는 것도 좋지만 관광이 더 재미있잖아요. 또 우리가 가는 곳에는 유적지가 많다고 해요. 박물관에도 여러 유물이 있지만 우리는 밖에 있는 유적지를 보러 다니기로 했어요.
Juang: I'm going on a trip with my friends. We decided to visit famous tourist attractions. It's nice to relax at a hotel but it's much more fun to go sight-seeing. I heard that the place where we are going has a lot of historic sites. There are different relics at museums, but we decided to travel around looking at relics in the outdoors.

윤아: 숙박 시설과 교통편도 결정했어요?
Yuna: Have you decided on accommodations and transportation as well?

주앙: 네, 처음에는 호텔에서 자려고 했는데 친구가 좋은 민박을 안다고 했어요. 그래서 거기에 가기로 했어요. 여행지까지 기차나 버스로 갈 수 있는데 우리는 기차를 타기로 했어요.
Juang: Yes. At first, we were going to sleep at a hotel, but a friend said he knew a bed and breakfast that was good, so we decided to stay there. We can get to our travel destination by train or bus, but we chose to ride the train.

3~4.

유키: 올리비아 씨, 저 다음 달에 가족들하고 호주 시드니에 여행을 가기로 했는데 제 여행 일정을 좀 봐 줄래요?
Yuki: Olivia, my family and I decided to travel to Sydney, Australia next month but can you take a look at our itinerary?

올리비아: 어디 봐요, 유키 씨. 아, 도착하자마자 오페라 하우스에 가기로 했네요. 거기에 가면 꼭 바다를 보면서 커피를 한 잔 드세요. 정말 분위기가 좋아요. 음.. 가족들이 박물관이나 미술관을 좋아하면 이날 가도 좋을 것 같은데...
Olivia: Let's see, Yuki. Oh, you're planning on going to the Opera House as soon as you arrive. If you go there, be sure to have a cup of coffee while looking out on the ocean. The atmosphere is quite lovely. Um, if your family likes museums or art galleries, this is a good day to go as well.

유키: 그래요? 저희 부모님께서 그림을 좋아하시니까 미술관에 가야겠네요.
Yuki: Really? My parents like paintings so we should go to the art gallery.

올리비아: 그리고 국립 공원에 가기로 한 것도 정말 좋은 생각이에요. 아주 큰 데다가 신기한 나무와 동물을 볼 수 있어서 사람들이 좋아해요.
Olivia: It's also a good idea to have planned a visit to the National Park. People like it because it is very large and you can see wonderful trees and animals.

5~7.

레오: 리타오 씨, 주말에 뭐 해요?
Leo: Letao, what are you doing on the weekend?

리타오: 여행을 가기로 했어요. 친구가 전주에 같이 가자고 하는데 거기가 한국 학생들이 수학여행을 많이 가는 도시지요?
Letao: I decided on going on a trip. My friend is telling me to go with her to Jeonju but isn't it a city where many Korean students go to for a school trip?

레오: 아니요, 수학여행을 많이 가는 곳은 경주예요. 유적지가 많아서 역사 공부를 하기 좋은 곳이요.
Leo: No, the place where many people go to for school trips is Gyeongju. It's a good place to study history because of the many historic sites there.

리타오: 아, 경주. 발음이 비슷해서 몰랐어요. 그럼 전주에서는 뭘 할 수 있어요?
Letao: Oh, Gyeongju. I didn't know because the pronunciation was similar. Then what is there to do in Jeonju?

레오: 저는 작년에 전주에 가서 한옥 마을을 구경했는데 정말 재미있던데요. 리타오 씨도 좋아할 것 같은데.

Leo: I went to Jeonju last year and visited the Hanok Village and it was really fun. I think you'll really like it, too.

리타오: 한옥 마을이요?

Letao: The Hanok Village?

레오: 네, 한옥 마을에 가면 한국의 옛날 집을 많이 볼 수 있어요. 볼 거리도 많고 먹을거리도 많으니까 천천히 걸으면서 한옥 마을을 구경해 보세요. 사진도 많이 찍으시고요.

Leo: Yes. If you go to the Hanok Village, you can see many of the old houses of Korea. There is a lot to see and many things to eat, so look around the Hanok Village while walking slowly. And make sure you take lots of pictures.

리타오: 그래요? 그럼 오늘 수업이 끝나자마자 친구를 만나서 여행 계획을 세워야겠어요. 고마워요, 레오 씨.

Letao: Really? Then I'd better meet my friend and make travel plans as soon as class is over today. Thanks, Leo.

• **Let's read**

There will be many people who will be travelling during the holidays next month. And there will be many people who have made airline reservations as soon as they saw this year's calendar. People who have not made any plans yet - do not worry too much. It's not too late. You just need to start looking into places now. We will introduce three overseas travel destinations that will be good for you to go to during the upcoming holidays.

1. Hong Kong
If you like flashy city travel, you should try visiting Hong Kong. There are many things to see and because of the different types of transportation, it's very convenient to move around. You can taste all kinds of food and it's good for shopping. The gorgeous nightview of Honk Kong seems like a scene right out of a movie.

2. Fukuoka, Japan
If you would like to go on an overseas trip to somewhere in close proximity, then Fukuoka, Japan would be a good choice. It only takes one hour and twenty minutes from the Incheon Airport. It's also convenient to travel there because it's a tourist attraction that many Koreans visit. There are many rural villages with hot springs near Fukuoka, so please visit to enjoy the clean air and beautiful scenery.

3. Bali, Indonesia
Do you want to go to a place for sight-seeing as well as relaxation? Then how about Bali? You can go to the tourist attractions where you can see Bali's ancient culture, or you can just relax without doing anything. There are many hotels where you are comfortably rest and many sports to play in the ocean.

Unit 20

<1> Weather Forecast

Lesson objective: to understand a weather forecast and content about different kinds of weather.

Vocabulary

태풍 typoon	강하다 to be strong
습하다 to be humid	개다 to clear up
그치다 to stop	
끼다 to gather or envelop	불다 to blow
목도리 scarf	안개 mist or fog
비구름 rain cloud	기온 tempurature
걸 outside	나들이 outing
차이 difference	최고 best or maximum
최저 lowest or minimum	평년 common year
영하 sub-zero temperature	
영상 above zero degrees	도 degree
일기예보 weather forecast	
외출하다 to go out	

• **Let's listen**

1.

(1) 남: 바람이 강하게 부니까 그냥 가지 말고 장갑이나 목도리를 하고 나가.

Man: The wind is blowing very hard so don't just go out but wear gloves or a scarf.

여: 네. 장갑을 끼고 나갈게요. 걱정하지 마세요.

Woman: Yes, I'll go out wearing gloves. Please, don't worry.

(2) 남: 오늘은 도서관에서 공부할까?

Man: Shall we study at the library today?

여: 오랜만에 날씨가 좋으니까 도서관에 가지 말고 한강에 놀러 가 자.

Woman: It's been such a long time since the weather was so nice so let's not go to the library but enjoy ourselves at the Han River.

(3) 남: 날씨가 더우니까 걸어가지 말고 택시를 탑시다.

Man: It's so hot so let's not walk but take a taxi.

여: 에이. 가까우니까 그냥 걸어가요.

Woman: Hey, let's just walk since it's near.

(4) 남: 밖에 비가 많이 오니까 오늘은 나가지 말고 집에서 쉴까?

Man: It's raining a lot outside so should we not leave the house and just rest at home?

여: 비가 와도 나가자. 꼭 사야 하는 물건이 있어.
Woman: Let's go out even if it's raining. There are things that I really have to buy.

2.

(1) 가: 내일은 바람이 많이 분다고 하니까 나갈 때 옷 좀 따뜻하게 입고 가.
A: They say that there will be strong winds tomorrow so make sure you wear warm clothes when you go out.
나: 응. 그래도 눈은 안 온다고 하니까 다행이네.
B: Alright. I'm glad they say it won't snow.

(2) 가: 모레 친구들과 놀러 가기로 했는데 비가 오면 어떻게 하지요?
A: My friends and I planned on going out the day after tomorrow but what will we do if it rains?
나: 모레는 날씨가 맑다고 하니까 걱정하지 마세요.
B: They say that there will be clear skies the day after tomorrow so don't worry.

(3) 가: 다음 주에 비가 많이 온다고 하니까 여행을 취소하자
A: They say that it will rain a lot next week so let's cancel our trip.
나: 글쎄.... 비가 얼마나 올지 모르니까 조금 기다려 보자.
B: Well, we don't know how much rain will come so let's wait a little.

(4) 가: 내일은 평소보다 안개가 심하게 낀다고 하니까 운전 조심해.
A: They say that the fog will be serious tomorrow so be careful when you drive.
나: 네. 조심해서 운전할게요.
B: Yes, I will drive carefully.

3~4.

윤아: 존! 휴대 전화로 뭘 그렇게 열심히 찾아 봐?
Yuna: John! What are you looking for so diligently on your phone?
존: 윤아야! 혹시 내일 날씨를 어디서 보는지 알아? 내일 친구들과 등산을 가기로 해서 날씨를 확인하려고 하는데 못 찾겠어.
John: Yuna! Do you know where I can check tomorrow's weather? My friends and I are planning to go hiking tomorrow and I wanted to check the weather, but I can't find it.
윤아: 잠깐만. 내가 도와줄게. 내일 눈이 많이 온다고 하니까 등산은 하지 말고 다른 것을 하는 게 어때? 눈이 올 때 등산을 하면 큰 사고가 날 수도 있어.
Yuna: Hold on, let me help you. It says it will snow a lot tomorrow so instead of going hiking, why don't you do something else? A big accident can happen if you go hiking when it snows.
존: 그래 맞아. 친구들에게 등산하러 가지 말고 영화나 보자고 이야기해야겠어.
John: You're right. I should tell my friends let's not go hiking but just watch a movie.

5~7.

금요일인 오늘은 아침부터 하늘이 흐린데요. 저녁부터는 비가 내리겠습니다. 비구름이 남쪽으로 내려오면서 서울에는 비가 많이 내린다고 하니까 잊지 말고 우산을 준비하셔야겠습니다. 하지만 비가 그치는 내일 오후부터는 기온이 조금씩 내려가면서 주말 동안에는 맑은 날씨가 계속되겠습니다. 놀러 가실 분들은 이번 주말에 가족들과 나들이를 가셔도 되겠습니다. 주말 낮에는 따뜻하지만 아침에는 조금 쌀쌀하니까 얇은 옷만 입지 말고 겉옷도 준비해서 나가는 것이 좋을 것 같습니다. 아침과 낮의 기온이 차이가 크니까 감기 조심하십시오. 지금까지 날씨였습니다.
Today is Friday and it is cloudy since this morning. There will be rain starting from the evening. Since rainclouds will be coming to the south and heavy rain will come down on Seoul, don't forget to get your umbrella ready. However, the the temperature will drop starting from tomorrow afternoon when the rain stops, bringing clear weather to continue throughout the weekend. For people who want to go out to play, you may go on an outing with your family this weekend. The weather will be warm in the daytime over the weekend, but mornings will be slightly cold. It would be good to not just wear light clothing but prepare outer wear as well. There is a big difference in temperature in the morning and daytime so be careful not to catch a cold. This has been the weather news.

- **Let's read**

The New Year holidays that you have long been waiting for starts today.
Here is the weather for the holiday season in Seoul.
The temperature for the New Year holidays will be like the common year or slightly lower.
For the first day of the holidays which is today, the 27th, rainclouds coming from the north towards the south will bring cold weather and the snow will begin to fall. It looks like there will be about 1-3mm of snowfall. The lowest temperature of the morning and the highest temperature of the day is minus three degrees and one degree, respectively.
The temperature for tomorrow, the 28th, will slightly rise and the snow will turn to rain. They say it will rain a lot so don't forget to take your umbrella when you go out in the morning. The rain will fall about 6mm. The temperature will reach a low of zero degree in the morning and a high of four degrees in the afternoon.
For the last day of the holidays, the 29th, the rain will stop and the temperature will greatly drop. Because of the fallen temperature and strong winds, you must wear warm clothes when going out. The temperature for the day after tomorrow will reach a low of four degrees below zero in the morning and a high of two degrees in the afternoon. It will be colder due to the wind.
Because there are many places it will snow and

rain during the holidays, do not just go outdoors. It will be good to go out after checking the weather. Have an enjoyable New Year holiday season.

<2> Weather In Your Life

Lesson objective: to understand the weather and any special situations to note about the weather.

Vocabulary

미세먼지 **fine dust**	환기 **ventilation**
마스크 **mask**	장화 **boots**
비옷 **raincoat**	선글라스 **sunglasses**
선크림 **sunblock**	실내 **indoor**
여의도공원 **Yeouido Park**	불국사 **Bulguksa**
석굴암 **Seokguram**	방송 **broadcasting**
짜증나다 **to be irritated**	공기 청정기 **air purifier**
창문 **window**	땀 흘리다 **to sweat**
목이 마르다 **to be thirsty**	바깥 **outside**

• Let's listen

1.

(1) 남: 내일은 날씨가 추울 테니까 옷을 따뜻하게 입으세요.
Man: It will be cold tomorrow so dress warmly.
여: 네. 알려 줘서 고마워요.
Woman: Okay, thanks for letting me know.

(2) 남: 날씨가 좋은데 여의도공원에 놀러 갈까?
Man: The weather is so nice. Shall we go hang out at the Yeouido Park?
여: 좋아. 내가 도시락을 준비할 테니까 너는 음료수를 가지고 와.
Woman: Alright. I'll prepare the lunch box and you bring the drinks.

(3) 남: 미세먼지가 없다고 하니까 빨래도 하고 청소도 하자.
Man: They say there is no fine dust so let's do the laundry and clean up.
여: 내가 청소를 할 테니까 빨래는 네가 해.
Woman: I'll do the cleaning and you do the laundry.

(4) 남: 우산이 없는데 밖에 비가 많이 오네요.
Man: I don't have an umbrella but it's raining a lot outside.
여: 제가 빌려드릴 테니까 쓰고 가세요.
Woman: I'll lend you mine so please use it.

2.

내일 친구와 케이티엑스(KTX)를 타고 경주 여행을 가기로 했습니다. 여행을 가서 불국사와 석굴암을 구경하기로 했습니다. 그런데 일기예보를 보니까 내일 비가 많이 온다고 합니다. 하지만 우리는 미리 호텔을 예약했기 때문에 취소할 수 없습니다. 그래서 저는 비가 많이 와도 쓸 수 있는 큰 우산과 장화를 샀습니다. 그리고 친구는 비옷을 샀습니다. 우산과 비옷이 있으니까 비가 많이 와도 재미있게 여행을 할 수 있을 것 같습니다.

My friend and I planned to travel to Gyeongju by KTX tomorrow. We decided to visit the Bulguksa Temple and Seokguram during the trip. But looking at the weather forecast, it says it will rain a lot tomorrow. Since we already booked the hotel, we can't cancel our trip. So I bought big umbrella and boot that I could use even if it rains a lot. And my friend bought a raincoat. Since we have an umbrella and raincoat, I think we can still enjoy our trip despite the heavy rain.

3~4.

아침 7시부터 9시까지 여러분의 출근길을 함께 하는 라디오 '아름다운 아침'의 아나운서 강진아입니다. 지금 밖에는 첫눈이 내리고 있는데요. 첫눈이 내려서 기분 좋으시죠? 하지만 출근길이 불편해서 짜증이 나신 분들도 있을 것 같은데요. 그런 분들을 위해 첫눈 오는 날 듣기 좋은 노래를 하나 들려 드릴 테니까 기분 좋게 출근하세요. 그러면 저는 노래 듣고 다시 돌아오겠습니다.

Going with you on your way to work in the mornings from seven to nine AM, this is Announcer Kang Jina from the radio program, "Beautiful Morning." Right now, the first snow is falling outside. Do you feel happy with the first snowfall? I'm sure there are also some people who are irritated because of the roads on their way to work. For all those people, I'll play a nice song for you to listen to on this first day of snow so please enjoy your way to work. I'll be back after the song.

5~7.

에릭: 우진씨 ! 오늘 오후부터 비가 올 것 같아요. 아침부터 하늘이 흐리네 요.
Eric: Woojin! I think it will start to rain this afternoon. The sky is cloudy from the morning.
우진: 제가 일기 예보를 봤는데 바람은 좀 불지만 비가 온다는 말은 없었어요. 서울에 미세 먼지가 많다고 했는데 그것 때문인 것 같아요.
Woojin: I saw the weather forecast that said it would be windy but there was no word of rain. I heard there was a lot of fine dust in Seoul so maybe it's because of that.
에릭: 아! 그래서 하늘이 흐리군요. 저는 비가 오는 줄 알았어요. 미세 먼지가 많으니까 오늘은 실내에만 있어야 겠어요.
Eric: Oh, that's why the sky is overcast. I thought it was raining. Since there is so much fine dust today, we had better stay indoors.
우진: 그런데 이따가 손님을 만나러 잠깐 나갔다가 와야 해요. 그러니까 나갈 때는 마스크를 꼭 쓰고 나갑시다.
Woojin: But we have to go out for a while to meet a customer later. Let's be sure to wear masks when we go out.
에릭: 네. 그래요. 오늘 미세 먼지가 많다고 하니까 사무실의 공기 청정기 좀 켤까요?

Eric: Alright. Shall we turn on the air purifier in the office since they say there is so much fine dust today?

우진: 네. 제가 공기 청정기를 켤 테니까 에릭 씨는 창문을 잘 닫았는지 확인해 주세요.

Woojin: Yes. I'll turn on the air filter. Eric, please make sure the windows are tightly shut.

- **Let's read**

This summer will be hotter than last year, so you must take good care of your health. Let me tell you how you can spend your summer in a healthy way.

① Drink plenty of water

Because you sweat much more in the summertime than on other days, you get easily tired and weary. That is why you must drink plenty of water whenever you are thirsty in the summer. Eating vegetables or fruits is also good for your health.

② Wear bright and comfortable clothes when you go out

They say that if you wear dark-colored clothes or clothes that are too tight when you go outside, your body sweats a lot more. That is why it is good to wear comfortable and bright clothes that are easy to put on and take off.

③ Don't go outdoors during the day

The hottest time of the day is from 12 noon to 5PM. That is why it is good to stay indoors during this time instead of going outside. If you must go outside, it is good to wear sunblock and wear a hat.

④ Be careful with food.

In hot weather, it is difficult to digest and easy to get a stomach disorder so you must not eat a lot of cold foods. You must also put your food in the refrigerator in the summertime. And it is also good to check the food in your refrigerator before eating it. Be sure to boil your food like soups before eating.

May everyone have a healthy summer.

Unit 19 - Unit 20 Review

Unit 19 – Unit 20 Vocabulary

싱가포르 Singapore
워터파크 waterpark
물놀이 playing in the water
서로 each other
동물 animal
동물원 zoo

I.

에릭: 윤아 씨는 이번 여름 방학에 뭘 할 거예요?

Eric: Yuna, what will you do during the summer vacation?

윤아: 가족들과 싱가포르로 여행을 가기로 했어요.

Yuna: My family and I are planning to travel to Singapore.

에릭: 그래요? 저는 작년 겨울에 싱가포르에 다녀왔어요. 그런데 며칠 이나 있을 거예요?

Eric: Really? I went to Singapore last winter and came back. But how many days will you be there?

윤아: 나흘 정도 있을 생각인데 지금 가족들과 여행 일정을 얘기하는 중이에요.

Yuna: We are thinking about staying for about four days. My family is still talking about the travel schedule.

에릭: 싱가포르는 여름에 기온이 높고 습할 테니까 낮에는 밖에 오랫동안 다니지 말고 저녁에 다니는 게 좋을 것 같아요. 저는 낮에 워터파크에서 물놀이를 했는데 시원한 데에 들어가서 쇼핑을 하는 것도 좋다고 하니까 생각해 보세요.

Eric: The summer in Singapore will be humid with high temperatures so don't stay outdoors for too long during the daytime. I think it's good to go out at night. I played in the water at the waterpark during the day but people say that going somewhere cool for shopping is also good, so you can consider that as well.

윤아: 네, 워터파크와 쇼핑 모두 재미있겠는데요. 알려 줘서 고마워요.

Yuna: Yes, the waterpark and shopping both sound fun. Thanks for letting me know.

II.

Thursday, July 12

Weather: clear skies

The second day of our trip to Singapore. It is hot and humid but not as serious as we thought so we are traveling comfortably. However, the sunlight is really strong. This morning, my mother and I left the hotel after applying ourselves with a thick layer of sunblock. Our faces became so white with the sunblock that we both laughed so much when we saw each other. Even so, I think we did well in doing that. My younger brother didn't have sunglasses, so he bought one as soon as we went to the department store today. This was the place that Eric recommended and it's nice because it's convenient for shopping and there are many good restaurants. My parents said that the food we ate today really fit their taste. All the restaurants I looked into before the trip were a success!

After shopping we went on a 'night safari.' My family loves animals so this is one place we all decided on going to before the trip. Because it was dark at night, we couldn't take photographs of the animals well, but it was very interesting and fun. We returned to the hotel late at night. The hotel room is a bit small. I thought it would be much bigger when I saw it on the reservation site. They say the weather will be fine tomorrow as well, so we should be able to enjoy the day. For tomorrow, I won't do too much shopping but take pictures with my family and talk more.

Korean Culture: Life Index

A life index is a number that expresses the extent of influence the weather has on our lifestyle. If we look at the life index together with the weather forecast, our lives will be more convenient. There are indexes for discomfort level, ultraviolet rays, food poisoning, and even car washing. For example, the discomfort index tells us how a person's mood can go up or down depending on the temperature and humidity. In a summer with high temperatures and much humidity, the discomfort index is high, so people become very irritated.